60年安保

6人の証言

森川友義【編】

小島 弘
小野寺正臣
土屋源太郎
古賀康正
篠原浩一郎
森田 実

同時代社

◎目次◎◎

まえがき

森川友義

このプロジェクトを本として形に残しておこうと思い始めたのは、90年後半、(財) 世界平和研究所の事務次長だった小島弘氏と知己を得てからである。

最初は仕事上の関係であったが、次第に個人的に親しくさせて頂くようになると、60年の安保反対運動に至る間に全学連の幹部として経験されたお話をして下さるようになり、当時の全く知識がなく大学時代はノンポリだった私でさえ、その経験と裏話の面白さに引き込まれていくと同時に、政治学者としての使命感も次第に芽生えて、小島氏の経験を是非オーラル・ヒストリーとして残しておかねばと思うようになったのである。

二〇〇〇年になってローマの国連専門機関を退職して、現在の大学教員として帰国したのを契機に、小島氏に当時の模様を記録として残したい旨を述べたところ、快諾して頂いた。その後、小島氏から、一九五七年当時全学連書記長だった小野寺正臣氏（第二章）を紹介してもらい、小野寺書記長を引き継ぐ形で書記長に就任した土屋源太郎氏（第三章）にもインタビューすることが出来た。

小島氏と小野寺氏は、当時の全学連の中でもいわゆる「森田派」(当時は「砂川闘争の英雄」と言われ、現在は政治評論家として活躍中の森田実氏を中心にしたグループ）に属する元幹部で、それに対抗する形で勢力を持っていたのは塩川喜信氏や土屋源太郎氏の革共同（革命的共産主義者同盟）であった。塩川氏と土屋氏は第13回大会で全学連委員長及び書記長に選出されているが、その経緯は土屋氏が詳しく第三章で語っている。

60年安保反対運動の主体は、次に委員長として選出された唐牛健太郎を中心とする若い世代で構成するブント（共産主義者同盟）であったが、その中で、島成郎をしてブント初の「職業革命家」と言わしめた古賀康正氏(第四章)、そして唐牛氏の親友で当時の社学同（社会主義学生同盟）委員長だった篠原浩一郎氏（第五章）に口述証言して頂いた。

最後の第六章では、政治評論でご多忙にもかかわらず時間を割いて下さった森田実氏にご自身の経験と当時の模様を総合的に話して頂いた。


60年安保と全学連に関する書物は少なく、全学連の幹部として運動を指揮していた人々も様々な理由で他界した。島成郎、香山健一、生田浩二、唐牛健太郎、富岡倍雄、志水速雄の各氏等その数は多く、また存命中の方々もお歳を召されてきたために記憶も薄れてきているのが実情である。

そこで、このままでは60年安保闘争の評価が行われないまま歴史上の一つの事件として忘れ去られてしまうことを危惧し、学生運動を指揮した6人のオーラル・ヒストリーとして形をとどめることにしたのだが、そもそもオーラル・ヒストリーとは、意思決定過程において影響力を持った人々の記憶や情動や感情を記録するもので、口述証言によって記録に残していくというところにその手法がある。インタビューを通じて、6人の生い立ち、時代背景、56年の砂川闘争から始まり60年安保までの係わり合い、更にはどのような経緯でこのような学生運動から離れてゆき、現在の職業についたのかについて、証言して頂いた。読み進むうちに彼らの息遣い、顔の表情、心臓の鼓動までもが伝わってくるはずである。

60年安保反対運動をまったく知らない読者にも理解していただくために本文に脚注を付して配慮したつもりであるが、この「まえがき」において歴史的流れを概観しておくべきかもしれない。要約すると次のようになる。

一九四五年、抗戦する日本に対して、米国は8月6日に広島へ8月9日には長崎に原子爆弾を投下した。この原爆投下を直接契機として、日本政府は8月14日、ポツダム宣言を受諾し、無条件降伏することになった。

同年、わが国は米国を中心とする連合軍の占領統治下におかれ、財閥解体、日本国憲法の発布、農地改革等さまざまな民主化路線がとられたが、東西冷戦が深刻化するにつれていわゆる「逆コース」に方針変換されていった。

特に一九四九年毛沢東の指導する共産党による中国の制圧と中華人民共和国の成立、及び翌年の朝鮮戦争勃発に危機感を抱いたGHQにとって、日本は西側の重要な防衛拠点との意味合いが強くなっていった。そのため一九五〇年には米軍の朝鮮出動による空白と日本の治安の悪化を懸念したマッカーサーの要請により警察予備隊が創設され（54年には自衛隊となる）、さらに翌51年には日米安保条約が締結された。

一九五五年ソ連を中心とする東側諸国が、49年に作られた北大西洋条約機構（NATO）に対抗するためにワルシャワ条約機構を設立し、集団的自衛権を行使する体制を整えたことにより、軍事的にも政治的にも東西が対峙することになる。

わが国の国内政治の観点からも55年は重要な分岐点であった。左派と右派が合同して日本社会党が誕生する一方、自由党と日本民主党との保守合同によって自由民主党が成立して、2大政党制とも言うべき「55年体制」が出来上がった。この体制は一九九三年に細川護熙政権が成立するまで続くことになる。

一九五五年は、本書の主題となる学生運動にとっても重要な年であった。日本共産党は7月28日に第六回全国協議会、いわゆる「六全協」を開催して、それまでの山村工作隊や中核自衛隊による火炎ビン等の武力闘争の方針を自己批判して、より穏健な議会制民主主義に基づく政権奪取の方針に転換したのだった。当時、学生運動は日本共産党の支配下にあったが、この「踊ってマルクス、歌ってレーニン」と揶揄されたレクリエーション路線転換は学生にさまざまな影響を与え、当惑した学生はその活動を停止するという事態に追い込まれていった。

しかし、ある意味で日本共産党の神話が崩れて、呪縛から解き放たれた学生は、日本共産党に反発する形で全学連を徐々に再建してゆくわけであるが、その中心となったのは東京大学においては森田実、島成郎、香山健一、小野寺正臣らであり、早稲田大学の高野秀夫、立命館大学の星宮煥生、そして明治大学の土屋源太郎、小島弘らであった。

全学連はその後、一九五六年及び57年の砂川闘争、57年の勤評闘争、58年の警職法反対運動等にかかわってゆくことになる。

安保条約に関しては一九五九年から安保阻止の運動が開始されたが、60年に入って、1月16日の羽田闘争、4月26日の国会へのデモ、6月15日及び18日の国会突入闘争を経て、60年安保反対運動は終焉することになる。特に6月の安保反対運動のデモに参加した総数は全国で5百万人を超え、稀有の大衆運動となり、死傷者も出し、最終的には岸信介内閣が倒れるという政治的結果を招いた。本書は60年安保までを扱っている。

ここでインタビューされた人々は既に70歳を越す高齢な方々もおり、当時の記憶も薄れてきていることから、「最後の証言」となることだろう。

なお、筆者は60年安保反対運動に関して、これを批判するつもりも礼賛するつもりも全くない。オーラル・ヒストリーという恣意の入らない形で、一つの大きな歴史的政治事件を後世に記録としてとどめておきたいという気持ちから生まれたものであることを強調しておきたい。

平成17年8月

早稲田大学国際教養学部教授

森川友義

第一章

小島弘氏の証言

【小島弘氏の略歴】

- 1932年 9 月生まれ。東京都出身。明治大学文学部（西洋史専攻）卒。
- 57年全学連第10回全国大会より全学連副委員長。60年安保闘争当時は、全学連中央執行委員、及び全学連書記局共闘部長。
- 新自由クラブ事務局長等を経て、現在（財)「世界平和研究所」参与。

——本日はよろしくお願い致します。全学連と60年安保闘争についてお聞かせ願えればと思っています。全学連の活動全般についてお訊きしたいのですが、特に、①瀕死にあった全学連をどう立て直し、どのような戦略をもって指導していったのか、②全学連内でどのような対立があり、そのダイナミズムが当時の学生運動にどのような影響を与えたのか等について、第二次全学連再建期から56年の砂川闘争を経て60年安保闘争までの期間を中心にお伺い出来ればと考えております。

初めに小島さんの経歴等から始めさせて頂きます。お生まれはいつでしょうか？

生い立ち、少年時代

❖昭和七年ですから、一九三二年9月22日です。

生まれは東京都荒川区の南千住というところですが、番地は今でも正確に覚えています。南千住3丁目183番地でした。

私の親父は当時、そこで石炭の問屋みたいなことをやっていました。今の南千住には影も形もないんですけれども、当時は操車場、つまり貨物のターミナルみたいになっていたんです。福島県など産炭地から石炭が運れてきました。当時の南千住は今で言うと北京の朝みたいなもんでね、冬になるともんもんと石炭を焚いた煙とその匂いがしていました。

私は小学校一年生の時までそこにいましたが、身体が弱かったんです。二年生の時、40年にですね、新学期から亀有に移りました。

この頃になると経済が統制されるんです。石炭も統制経済になって自由に営業ができなくなりました。それをきっかけに、僕の身体のこともあって少しは空気が良いだろうということで、当時は畑ばかりの田舎だった亀有に引っ越したのです。新しい仕事っていうと、うちの親父が考えついたことなんですが、いつのまにか豆腐屋の修行をしていたらしく、突然、硬くて黒い石炭から、軟らかくて真っ白な豆腐の仕事に移っちゃったんです（笑）。子どもの頃はそんなもの成功するのかと思っていましたけれど、どうも彼は終戦までは見越してないとは思うんですけれども、食糧が困るだろうと見越したようですね。

――先見の明があったんですね。

❖お豆腐屋さんの中には、当時石炭を焚いて作っているところがありましたから、言ってみればお得意さんがいた。その豆腐屋さんから、見よう見まねで豆腐屋の修行をしていたんだと思います。

――引っ越された翌年には戦争ですね。

❖39年に小学校に入学して、41年に太平洋戦争です。今でも鮮明に覚えているのが、12月8日の朝の臨時ニュース「大本営発表こちら、帝国陸海軍は今8日未明西太平洋に米英軍と戦闘状態に入れり」です。朝と晩の2回聞きました。その晩から電燈を暗くして、これが戦争だなというのをはっきり意識しました。別に戦争が起こったからといって急に影響はないんですけれども、電燈を暗くしたりしましたから、これが戦争だなと感じました。それから一年の間は、勝って勝って勝ち抜いていましたから、軍国少年として将来、軍人さんにならなければいけないなと思っていました。

その後、小学六年生で疎開に行きます。新潟県の栃尾市の近くで、荷頃村《にごろむら》にある曹源寺に80人ぐらいで疎開しました。44年の9月に、今でも忘れもしませんが、亀有の駅にみんな見送られて、まるで出征兵士を送るようでした。上野から夜行列車で長岡経由で栃尾に着きました。この地域は豪雪地帯で有名なところです。卒業のために翌年の3月5日に帰ってきます。僕らは幸いにして家が焼けなかったので、実家に帰り学校を卒業することができました。墨田区とか江東区などは3月5日あたりに帰ってきて9日に家が焼けてしまったり、亡くなったりする人がいました。わざわざ焼かれに帰ってきたみたいでした。逆に親兄弟が全員やられて疎開先で孤児になった人もいました。荒川からそとは被害が少なかったです。焼夷弾など落とされたけれども、多くは田んぼと畑ですから余り意味がないわけです。軍事施設はありましたけどね。

――中学校に入った時は？

❖当時は戦時中ですから、子どもが都会にいないんです。でも僕のところは田舎だったから、結果的には一年ダブってしまう。昔は高等小学校というのがありまして、小学校6年間で卒業すると2年間高等小学校に行くんです。6年で卒業して中学にいく人もいます。僕は一年間学校に行かずに高等小学校に一年在籍して、その後に中学校に行きました。

終戦の年の翌年、46年に焼け野原の真っ只中にあった巣鴨中学に入学するんです。これは後に判ったことですけど、知り合いの読売新聞の記者にすすめらて巣鴨中学にはいりました。当時は東京に子供がいないから、勉強しなくても試験に受かっちゃうんですね。試験地獄がありませんでしたから。今でこそ大変だけど、その頃は子供の数が少なかった。都立では日比谷高校、戸山高校、麻布高校などを除けば私立中学にはいりやすかった。全体として進学する人が少なかったですし。子どもが少ないから競争率が低かった。

——今では巣鴨高校は進学校ですよ。

❖いまは大変良いらしいね。だから誤解されてしまうんですよ（笑）。

——当時も中高一貫教育だったんですね。

❖なまけ者だったから親がそっちのほうが良いと思ったんでしょうね。でも通うのに一時間くらいかかりました。

小学校卒業して、中学校行くまでの間に敗戦という大事件がありました。日本そのものがどこに行くか分からなくなりました。勝っても大変だっただろうけど、負けちゃったから更に大変だった。小学校の時は軍国少年として軍人になろうというそれなりの目標があったけど、敗戦で何もなくなっちゃったわけです。

——クラブ活動とかは？

❖当時の写真見ると、柔道部や野球部にいたこともあるようです。いろんなことをやっていました。比較的足が速かったですよ。クラスだけではなく学年で一番でした。大体12秒台でコンスタントに走っていました。身体ももっと細くて、重くなかったから（笑）。

——高校時代は共産主義に興味を持っておられましたか？

❖高校の時はどちらかっていうと、今流に言うと社会民主党支持者くらいでしたから、共産党みたいに過激なことは…。亀有は日立製作所亀有工場を中心に戦後労働運動が活発なところで共産党の勢力が強かった。当時、この組合の青年部長を経験した吉田哲という人がおりました。この吉田さんから大変影響をうけました。あとでわかったのですが、この吉田さんは52年の札幌での白鳥事件で犯人として逮捕された人なのです。結局、無罪で帰ってきたんですけども。その人が戻ってきた時に僕の周りにいて、僕の中学や小学校の同級生と一緒に勉強会をやっているうちにだんだん左になっちゃって。その影響がとても強かったです。

――小島さんが共産党員になったのは明治大学に入学してからですか。

❖そうですね。55年くらいじゃないかな…。ちょうど「六全協」(55年7月)の前あたりに党員になりました。[1]

「六全協」と全学連の再建

――32年生まれというと、森田実さんと同じ年齢ですね。それから島成郎さんと古賀康正さんが31年ですね。香山健一さん、小野寺正臣さん、佐伯秀光さん、星宮煥生さん、生田浩二さんは33年。[2]

❖高野秀夫は32年生まれ。

――牧(衷)さんは?

❖彼は海軍兵学校の最後だからもっと年上だね。当時は戦争から帰ってきた学生も大勢いました。18歳の新入生に混ざっておじさんみたいなのが大勢いて。しかも兵隊から帰ってきた人もいました。

――森田さんや香山さんに知り合ったのはいつですか。

❖56年9月に全学連の中央委員会というのがありました。

――8中委ですね。7中委が「歌ってマルクス、踊ってレーニン」のレクレーション活動に路線変更した事件。これは55年9月、名古屋でやっていますが…。

❖名古屋の中央委にも参加しています。森田に会ったのは、56年9月、第8回全学連中央委員会の時です。56年6月の全学連第9回全国大会から57年6月の第10回大会の間に、この8中委があって、その時に中央執行委員の欠員ができたんです。僕の前任者に明大文学部の加藤君の後任として、中央執行委員になっていました。彼が病気で休んでいて、その時に補欠で同じ文学部の僕が補充されたんです。9月半ば過ぎると砂川闘争が始まってしまいました。

――大学の自治会活動はその前にやってられましたか?

❖56年の夏までやっていました。その前まで文学部の自治会委員長やっていて、辞めると同時に全学連中執委員にさせられたんです。森田とは砂川闘争で半月間余り同じ場所で寝泊りしていましたから(親交を深める意味で)それが一番大きかったんじゃないですかね。

――森田派に大きな影響を与えた清水幾太郎先生に会われたのは砂川闘争の時ですか。

❖56年です。森田がその前年に青木市五郎とか清水幾太郎に会って砂川を応援してくれって言われるんです。

――それは森田さんも回顧しています。56年4月末に森田さんが清水先生と最初に会った時の逸話として「その日、清水教授に指定された四谷の鰻屋に行ってみると、そこにいたのは清水教授、高野実前総評事務局長、青木市五郎砂川基地反対運動行動隊長の3氏だった。3氏とも明治生まれの気骨ある立派な人物だった。この3氏から、社会党、総評はいつ裏切るかわからない。全学連よ、立ち上がってくれ。砂川米軍基地拡張反対運動をわれわれと一緒にやってくれ、と熱心に説得された。私は清水、高野、青木3氏の真剣さに心を打たれ、参加を誓った。」とあります。

❖その翌年も基地反対文化人会の一員として清水さんは砂川に来ていましたから、森田よりちょうど一年後に知り合ったんじゃないかと思います。

――全学連の再建、所謂「第二次全学連の再建」への最大のきっかけは「六全協」になると思いますが、小島さんはどのような反応をされたのですか。

❖今は共産党が強くないから分かりづらいけど、当時は大学に入る頃はみな正義感に燃えていました。日本にこんなに貧乏人が大勢いたら駄目だというので、マルクスの『共産党宣言』等を読んで共感して、共産党こそ理想の社会を築く政党だと思って入ったわけです。そうしたら、途端に「六全協」になって、これはひどいところに入ったなと思いました。中国の文化大革命前後もそうだと思うけど、「六全協」まで共産党は武力で日本を解放しようとしていたのです。だから山村工作隊や中核自衛隊をやっていたわけです。当時の共産党っていうのはほとんど地下にもぐって裏でいろんなことやっていました。列車襲撃だとか…、その後の赤軍派みたいなもんだね。ピストルで人殺したりというのがずいぶんありました。僕はそんなこと知らないで共産党に入りました。それで、「六全協」でみんなが反省するんです。

――反省というのは？

❖たとえば僕もびっくりしたことがあったんですが、宮本顕治以下幹部がいて、もちろん春日（正一）もいて、これまで指示してきた幹部がいるところで、30過ぎくらいの女性の党員が涙流すんです。その人の旦那は共産党員で地下工作をやっていて、普段人目に付かないところで活動していたんだけど、時々奥さんのところにやってきたようで…。その奥さんの話だと結局3回妊娠して、3回ともおろしたと言うんです。しかも、党の命令でやったというんです。

――どうしてですか。

❖革命家にとって子供はいらない、っていうことでしょう。それでとうとう子供が産めなくなってしまった。そしてその女性が泣きながら訴えるんだよ、幹部の前で。私は日本共産党のために子供が産めない身体になりました、って。僕らはその時あまりよく意味が分からなかった。旦那が悪いんじゃないかと思ったりして。とにかく共産党にとってみれば革命が近いから、今で言うアフガニスタンの若者のように命がけでやってたわけですよ。ヒューマニズムを尊重する政党かなと思ってたけど、これはえらいところに入っちゃったなと思いました。

その当時、森田とか島とかの東大の学生は、ものすごく強烈な意見をはいていました。幹部はみんな反省しろといって。全学連の活動家はたいがい共産党とイコールと思われているけど、全学連というのは共産党の中でも異分子でした。島も森田も。だから全学連の幹部は共産党に対して強烈な追及を始めるわけです。東大の連中はえらく元気がいいなと思った一方で、随分ひどい政党があるもんだな、とも思いました。それで、当時、私は森田とか島とか生田とか、そういう連中に共感して、こういうことをちゃんと言うやつがいるんだと分かって、逆に共産党もまんざらじゃないと思いました。みんな当時は共産党員でしたからね。僕らは党内で自由にものを言っていたんです。後で除名されるわけですけど。

――第一次全学連が事実上崩壊して、当時書記局があった金助町（文京区本郷）にほとんど誰もいないような状態になります。ただ「六全協」の反動で、55年暮れから56年にかけて各大学のリーダーが再建していくと諸々の文献にあります。

❖僕は最初文学部自治会の委員長としてやりました。全学連の執行委員になったのはその功績があったからではないですかね。当時、森田や島や香山の方針に沿って明大の中で一番積極的にやっていましたから。

教育二法案、小選挙区制、授業料値上げの反対闘争なんかをやっていたと思います。明大文学部に春の闘争のストライキをぶち込んでやったんです。後にも先にもそれしかしませんでしたけどね（笑）。それで、「あの野郎元気があるな」と思われて、中央執行委員にされたのでしょうね。

――明治大学の同僚は？

❖土屋君なんかはそうです。彼は明大全体の自治会委員長をやっていました。当時は法学部、政経学部、文学部、商学部、経営学部、工学部なんかがあって、それらの自治会が集まって、中心が土屋源太郎でした。彼は塩川（喜信）君が委員長やる時に全学連の書記長になりました。臨時大会で香山が辞める時。

――明治大学の他には、森田さん、島さん、生田さん、中村さん、古賀さんも東大です。つまり東大がかなり強かったわけでしょうか。

❖人数が多かったからね。

――早稲田大学は？

❖東大・早稲田は双璧です。あとは京大とか立命館とか。それらの大学で教育問題に対して授業放棄、ストライキをやりました。それで全学連の運動が復活したみたいなかんじです。その次に、政治問題としての砂川が出てきました。

あの頃は、日比谷公園とかで集会やデモをやりましたが、その音頭を取ったのは全学連です。全学連が学生運動として復活したのは56年の春からです。

――金助町の全学連書記局再興の中心にいたのは、当時共産党員だった島さんや森田さんだったと言われていますが。

❖その前の50年問題で、共産党が二派に分かれた時に、宮本顕治以下国際派にいたのが島です[(3)]。安東仁兵衛も国際派です。森田や生田はそのあとになります。

余談になるけれども、上田耕一郎に聞いた話だと、生田は地下の仕事をしていて上田を査問したらしいんだ。彼は共産党の裏の方の責任者をやっていて、上田を苛め抜いたらしいんだよ。生田はそういう恐ろしい方の共産党にも関わっていて、「六全協」になったら、今度は、そうじゃない方の全学連に来て、両方やったんです。

その後、彼は東大を卒業してペンシルバニア大学に行くんです。そこでは台北代表処の羅福全と一緒でした。羅さんに聞くと、「俺が2、3年かかったドクターをあいつは1年で取ったんだ」と。すごく優秀だったらしい。彼は66年にアメリカでアパートの火事に巻き込まれて死んでしまうんですが。彼は伝説の人なんです。

代議士の柳沢伯夫は生田と高等学校がすれ違いなんですよ。彼が静岡高校に入った時、「生田っていうのはものすごい優秀な先輩だった」と言われたらしいです。

砂川現地入り

――砂川闘争について教えて頂きたいと思います。[4] 55年はまだ学生が立ち直ってない、56年になって全学連の再建が始まる、他方砂川闘争は55年はなんとか凌いだけれども、56年はどうなるか分からない。反対派は切り崩される途上にあったし、総評も当てにならないということで清水幾太郎さんらが全学連の平和共闘部長の森田さんに頼んだということは先ほど触れました。森田さんが中心となって56年秋の砂川闘争から現地に入っていきます。

71年の朝日ジャーナルにインタビュー記事として載っていますが、森田さんが「僕は、平和部長という任務にあったから、砂川闘争はすべて僕を中心に進められました」と述べています。本当ですか?

❖彼はものすごく有能でしてね。当時の全学連の実践的運動はほとんど彼が中心でした。

――更にこの記事から引用すると「僕といっしょにやったのは全学連中央執行委員では小野寺君、小島君、松田君だった。三人ともすごくいいやつだった。勇敢で、恐れを知らない。また、どんなに厳しい状況下でも冷静さを失わない、まさに闘争のために生まれてきたような男だった。小野寺と小島が僕と一緒に砂川現地の指導部を構成した。また、東大の生田君、明治の佐竹君、東大の伊藤嘉六君などの有能な活動家が我々に協力したが、それでも最初は活動家の数は少なかった。」とあります。この砂川闘争について思い出す限り、お伺いしたいのですが。

❖さっきも言った通り、僕は9月に全学連の中央執行委員に選ばれて、そのまま砂川に現地入りです。右も左も分からない状態で9月には森田と一緒に行っちゃったんです(5)。

砂川に入ると農家の宮崎さんというお宅に泊まりました。確か砂川の五番でした。森田と僕らはそこに泊まりましたが、他はみんな中学校に泊まるんですよ。生田も佐竹も伊藤も泊まるところがあまりないから、砂川中学に泊まって各部隊を指揮しました。

実際には体育館でごろ寝です。10月だから寒くはないんだけど、米俵を農家から持ってきてかけていました。今みたいに防寒具もありませんから。当時は何もなくて、せいぜいコートを着るくらいでした。よれよれのコートを学生服の上から。

――洋服や下着はどうしていたんですか。

❖考えてみれば、当時は洗濯なんかしなかったね。学校だからトイレはあったと思いますけど…。

後に全学連委員長になる塩川君が炊事の担当でした。リヤカーを引いて農家に米をもらいに回っていました。だから、彼のところには女子学生が多かったですよ。塩川君が一生懸命やっていました。米はカンパでもらっていましたが、まさに自給自足でした。

デモ組んだりする時には女性はなるべく避けてくれとお願いしましたが、そう言うと女子学生から、あいつは女性の敵だと言われて、僕がつるし上げられたんです（笑）。

――全学連の指揮系統というのは？

❖僕らの泊まっていた宮崎さんの家が連絡本部になっていました。当時の通信網はよくできたものでした。というのも新聞記者が協力してくれてましたから、機動隊がいつ出るか新聞記者を通して知ることができたんです。当時携帯電話は新聞記者しか持っていませんでした。昔の陸軍が背中に背負っていたような大きな携帯電話で、例えば八王子の機動隊の前や、警視庁本部の前にいる新聞記者が砂川の記者に連絡するんです。ただいま出動しましたって(笑)。だから、みんな僕らのところに筒抜けだったんです。新聞記者は僕らより5年くらい先輩で顔見知りでしたから。新人の記者はサツ回りをさせられていて、僕らのところに連絡をよこしていたんです。僕らはそれを聞いて作戦を立てていました。

当時は鉢巻を巻いていましたが、それは別に景気をつけるわけではないんです。当時の警察のヘルメットは旧陸軍のもので、ツバのところが尖っているわけではないんですが、ぶつけられると痛いんです。血が出るのを防ぐ意味で鉢巻をまいていました。

それから、農家には俵で出来た桟俵というのがあったんですが、それを学生服の下に隠していました。警官もさすがに暴力をふるっている写真を撮られるのが嫌で、警官隊は上から殴らないで下から突きあげるんです。そうすると鳩尾をやられるから制服の下に桟俵を入れました。だから、どこの田舎の兵隊さんかと思うほどすごい格好をしていて、写真を見ると面白いです。

——全学連の旗は赤旗ではなく、青旗なんですね。当時の写真は白黒なので色の違いが分からないのですが。

❖青です。

闘いの日常

――砂川問題は総評・社会党を中心にということでしたが、砂川の人達にすれば、全学連が加わることで、共産党につながっているのではないかと見られて…。いろいろご苦労があったと思います。

❖それには前談がありましてね、砂川になんで共産党が加わらなかったというと、共産党は51年の綱領（五全協）で地主を敵に回したんです。山村工作隊は地主も攻撃したんです、共産党の教科書通りに。青木市五郎さんや宮崎さんは地主で、共産党はこの人たちを打倒しろと言っていたわけですから、彼等は共産党を信用しないんです。しかし、学生等はもっと純粋だから、ということで協力をお願いしたようです。

――他にどんな苦労がありましたか？

❖砂川は、米はできませんけど麦を作っていましたから、援農をやりました。全学連の連中は田舎から来ている人が多いですから、農作業が得意なわけです。

――食事は非常に粗末なものだったようですね。

❖魚も肉も食べた記憶がないね。

――おにぎり2個とおしんこ2切れだったそうですね。それで、農家の人が、それでは足らないというので、何か出そうとすると、「いや、けっこうでございます」と断わったと。

❖あの頃は、毛沢東の指導で中国の農村地帯に八路軍というのがありました。彼等の方針が、革命を成功させるために、農民から絶対に物をとってはいけない、農民に迷惑をかけてはいけない、借りたものは返す、というもので。それを生田はみんなによく説得していました。徹底していましたよ。学生数が最高時で3千人なんです。そのくらいだと指示は徹底するもんです。地元の人に家庭教師する人もいるし、農作業手伝う人もいるし、いろんなことをやって、今考えると禁欲的な生活だな。

――総評には日当が出ていたようですね。1日に2百円か3百円。だから動員できたわけですが、資金がなくなってくると総評はあてにならないということで…。

❖結局、清水さん達が社会党や総評はどうも腰が引けていると言うので、森田が先に記者会見で「学生3千人動員」と発表しちゃったんですよ。学生が3千人も来るのに我々は手をこまねいて待っているわけにはいかないということで総評も動員を始めたんです。結果的に3千人くらい学生を動員しました。

――学生のほうは無給ですか。

❖そう。当時、たとえば東大の連中は駒場のところで観光バスに学生を乗せて、途中で東京女子大に寄って女子も乗せて、バスの中で砂川闘争について説明していたようです。僕等は列車で行きました。

――バスはどうしたんですか。

❖借り上げるんですよ、自治会が。

――一日に何回も?

❖いや、一回。当時は都心から立川までだと随分かかったからね。1台に40~50人くらい乗れたんじゃないかな。いまでも道覚えてるよ。最後は東京女子大の横を通って小金井の桜並木のところを…。

――全学連の指令はどういう風に出したんですか。

❖一つの大学ごとに50人くらいの小さな集団になっていまして、生田とか佐竹とか伊藤とか自治会のトップが指揮していました。その上に第一部隊から第三部隊までの3つの大きなブロックに分かれていました。

――森田さんがリーダーで、それで3つの部隊の司令官が存在していたという形なのですか。生田さんが第二部隊の隊長だったらしいのですが。

❖第一部隊は土屋だったと思う。その部隊の下に大学単位があって、東大その他、明大その他、早稲田その他、というように小さな大学は大きな大学の後ろについていたね。

――ラジオや新聞の報道によって自発的に来る学生もいましたでしょう、そういう人達はどうするのですか。

❖大学旗を持っている人がいるので、そういう人達は自分の大学に入りました。立教や慶応はないけども。

――前線にいたのは。

❖ほとんど学生でした。労働組合の中で若い連中も前線にいました。

――先程の森田さんのインタビューに戻りますけど、「3人とも勇敢で、恐れを知らないやつだった」という、この辺を教えて頂きたいと思います。

❖自分のことだとなんか変だけど…。向こう見ずだったんじゃないかな。

――10月12・13日の「流血の砂川」と呼ばれた激突のことを指していらっしゃると思うのですが、

宮崎さんのお宅でどのような作戦を立てたのでしょうか？

❖道路は五日市街道の一本しかありませんからね。とにかく警官隊が来る方法が上か下かしかありませんから、それをどう防ぐかっていう…。（章末の「砂川闘争当時の現場地図」参照）

――あと、パトロールをしたとか。私服の警官がうろうろしていたようですから。

❖それはやっていましたね。

――道を通らない攻撃というのは考えなかったんですか。

❖道を通らないといっても、道以外は農家が作っている畑でしょ。そこを踏み荒らしちゃうわけにもいかないから、畑には入らなかったですね。いざ、機動隊とぶつかっちゃうとめちゃくちゃになったけど。なにしろ警官隊が畑を通ってやって来るんだから。でも、練習といって畑に飛び込んじゃうわけにも行かないし…。13日は雨が降ったから、ものすごく凄惨になりましたよ。

――戦術的にはどういうふうに？

❖測量に来るんですから、それを阻止するというので…。

――座り込みですか？

❖あんまり座らなかったですよ。座り込みというのは基本的に防衛的な戦法ですから、砂川ではスクラムを組んでやりました。最後になるとみんなそれぞれでぶつかっていきましたけど。ぶつかると警察官に排除されるんですよ。警官隊は向こうに人のトンネルを作っていて、そこに入れられるんですが、当時はあんまり逮捕しませんからグルーッと回ってまた戻ってくるんです。

僕なんかもそうですが、12日だったかな、トンネルの中に入れられて、この中に行くと警察官が蹴飛ばしたりすごいんです。このままだと殺されると思って、座り込んで「殺すなら殺してみろ！」って言うと、向こうも困るわけです。それでまたグルーッと回って、それを何回も繰り返しました。逮捕されない限り無尽蔵ですよ。だから体力の続く限りやっていました。まだ若かったからね。

――目的は測量させないことですか。

❖そうです。それで、僕らを排除するために機動隊が来たわけです。それに抵抗するわけですね。最初の大きな激突は10月12日ですが、それも事前に分かっていました。翌13日は、12日の様子をテレビで見たり、ラジオや新聞の報道で知った学生で大勢になりました。

テレビでも随分動員されてきました。立川の駅から夜中ぞろぞろと20分くらい歩いてきたり、12日のニュースを聞いて13日の朝来たり。

――13日が激突のピークです。(6) 警官隊は当日約2千人も出動しました。

❖さっき言ったように鳩尾やられたり。こっちもけっこう蹴飛ばしてるけど最終的には向こうのほうが強いからね。

――学生側はヘルメットもなければ、ゲバ棒もない。ただ向こうも盾は無いんですよね。

❖無いんです、当時は。

――棍棒とヘルメットで。本当に肉弾戦ですね。

❖催涙弾もないし。

――それで、負傷者約千人、そのうちの多くが学生であったと資料にあります。

❖当時、女子学生が亡くなったという情報がありまして、僕は女子学生をなるべく排除しようとしていましたから、これは困ったなと思って、僕と森田で、俺達現地責任者は辞表を出さなくちゃいかん、と言っていました。結果的には死んでなかったから辞表出さなかったけど。でも、あの時は随分女子も負傷したんじゃないかな。いくら何でも闘っている時に女子学生にどけとは言ってられないからね。夢中だから。

――わらべ歌なんかを歌ったと伝説的に言われていますが。

❖13日は夜になって薄暗くなると膠着状態になってきました。その時に。なんとなくし〜んとした感じで。結局、翌日の14日は警官隊が来なくて、15日に中止の発表がありました。[7] 現地砂川では、測量中止が発表されるや、町中が大騒ぎになりました。砂川の人びと、労働者、学生。

――ところで、翌年の57年の砂川に参加した学生もおりました。砂川闘争のピークは56年でしたが、57年にも小競り合いがあります。7月8日、精密測量を行う調達庁に抗議するために約5百人の学生や労組員が、警告を無視して立川基地内の道路に座りこみました。そのため9月22日になって小野寺正臣さん(当時全学連書記長)、土屋源太郎さんをはじめとする25人が検挙されたようです。こちらの記憶はありますか?

❖実はね……あの時のデモの責任者は、僕なんだよ。だから当然、僕も捕まると思っていました。というのも、その日の朝、小野寺から電話があって「今俺のところに警察が来てるから、おまえのところにも行くぞ」って。ところがいつまで経っても警察が来ないんだな…。格好悪かったよ。それで、「何で俺のことを捕まえねえんだ」って警察に後で訊いたら、「現場で見てるやつはおまえがやってることを知ってるんだけど、証拠の写真が横顔と後頭部しか無い」って(笑)。真正面から写っているのでないと証拠不十分で裁判が維持できないんだよ。デモ全体の責任者をやっていたことはバレてるんだけど、物的証拠が無いから捕まらなかったんだ。格好悪かったよ。朝7時頃だよ、小野寺から電話があったのは。気まずいよ（笑）。

闘いのあと

――砂川闘争の勝因と意義について当時の全学連は、大衆運動、平和運動が広く受け入れられた結果であるといったアプローチをとっていますが、やはりマスコミをうまく味方につけて、世論を喚起できたことが大きいと思います。当時の新聞は「砂川に荒れ狂う警官の暴行」という書き方をしたわけですから。

❖当時の学生にしては珍しく、マスコミを意識していたんですね。20歳前後の学生が中学校に泊まって、米俵のなかで寝るなんていうのは非常にマスコミ受けしますから。それとか農作業を手伝うとかね。警察官だって実は農村の次男坊、三男坊だからね。そこで「赤とんぼ」でも歌えばね、じ〜んときますよ。(8)

――さて、話を砂川闘争以後に移させて頂きたいと思います。とにかく56年秋の砂川闘争は大成功をおさめました。

❖十数日間いて、最後に測量中止になって砂川闘争が成功した時にはみんな「万歳、万歳！」と叫んで、10月15日の晩は飲みましたよ。でも森田なんか酒を普段飲まないから、飲みすぎちゃって。森田は報告会が次の日に立命館か同志社であって、京都の方に行かなきゃいけなかったんだけど、東京駅と浅川（今の高尾）の辺りを行ったり来たりしていたんだって。それで、朝になって電話があって、「高尾の旅館に泊まっているから、京都に遅れるって連絡しておけ」って。そのくらいお酒なんか飲んだことなかったんだね。

――二日酔いでということですか。

❖いや、電車がなくなっちゃったんだよ。

――その一件が原因の一つとなって、砂川の現地に行かないで書記局に残った人、つまり高野さんと牧さん（当時の全学連副委員長）達と、星宮さんの言葉を借りれば「ジェラシー」や「怨念」に根ざした対立が起こったようですね。森田さんらの主張は、砂川闘争は成功だったと。他方、高野・牧さんらは全学連が行かなくても成功していたと。[9]

❖砂川が連日マスコミに華々しく取り上げられたから、森田をはじめ現地の連中が英雄扱いされたということもあります。砂川から帰ってきたら、書記局は高野君らが握っていました。「あいつらは砂川に行っていい気になっている」というので。当時、森田は同志社に行ってもどこに行ってもすごい扱いうけていたと思いますよ。それに対するジェラシーがあったのかどうか分からないけど、高野君らは面白く思わなかったでしょうね。[10]

――でもその前まではみんな仲良かったわけですよね。

❖そうです。砂川闘争を境に分かれてしまった。それが転機で砂川に行った人はみんな飛ばされちゃったんですよ、森田派だということで。

――歴史的にはその後、森田派が全学連執行部を奪還するようです。(巻末資料1、全学連歴代三役一覧参照)

❖東大・早稲田・教育大が強かったですが、3ヶ月くらいでかたがつきました、翌年の大会で。

――57年6月の全学連第10回大会では高野さんも牧さんも全学連の幹部ポストを失ってしまいます。代わって委員長に東大の香山健一さん、副委員長に小島さん（と立命館の桜田健介さん）、書記長に東大の小野寺正臣さんが選出されました。主流派が実権を握ったということですよね。その割り振りは森田さんがやったんですか。

❖誰がやったんだろうね。小野寺君も僕も砂川でやってたからね。砂川の戦友がみんな…。

――森田さん自身はならないんですね。

❖森田や島はヒラの執行委員だけで三役はやらないですよ。

――なにか理由はあるんですか。

❖裏で動いた方がやりやすいから。

「6・1事件」とその後

――ところでこの時点では全学連の活動家は殆ど共産党員だったわけですよね。

❖そう。しかし、翌年の第11回大会の時に、高野らが共産党中央と一緒になって全学連を乗っ取ろうとしました。大会では排除したんですが、それが終わった直後の6月1日に共産党本部に集まった時に我々は党中央を非難したんです。「6・1事件」と呼ばれているものですが、議論しているうちに宮本顕治以下の罷免決議を採択してしまったんですよ。学生はみんな過激だから。お陰で僕等は除名されちゃったんですがね。

——それは党中央の委員会ですか。

❖グループ会議って言うか、全学連の大会に参加した共産党員の会議があるんです。百人くらいじゃないかな。全員学生です。正確に言うと、日本共産党中央委員会青年部学生対策部というのが召集されます。召集する主催者はおじさん達ですが、参加するのは全員学生です。そこで、党中央とわれわれは運動のすゝめ方で対立しました。党中央は高野たちを支持し、われわれに反対しました。そこで対立が高じて党幹部の罷免決議になったと思います。

——それで逆に党から除名されてしまうわけですか。

❖森田と香山と野矢（鉄夫）の3人。

——小島さんは？

❖僕は一年間の活動停止でした。グループ会議の議長を学生から選べと主張し、土屋源太郎にする推薦演説をやって、それが罪状でした。

査問は勤評闘争の真っ最中に行なわれ、高知県に行く前に共産党本部に呼ばれて、いろんな罪状を聞かれて。言ってみれば検事にきかれるみたいに。そのころは共産党にはだらしないところがあって、「あんたらなんかに付き合っている暇はない」、「これから高知に行くので、さようなら」という感じで、それっきりだったですね。

――「6・1事件」のきっかけになった全学連第11回大会でも香山さんと小島さんが再選されています。しかし、かなりもめたようですね。

❖その時は星宮君なんかの指導で京都から僕等に対する批判があって、東京都の都学連、これは塩川君が委員長で土屋君が書記長だったんだけど、要するに下で汗かいてる学生達が、森田とか小島とかの「ダラ幹」はけしからんということで、突き上げがありました。その都学連と関西がくっついたんですよ。

――「ダラ幹」とは「堕落した幹部」という意味ですね。どうしてけしからんと?

❖僕は学生といったってもう随分年くっていました。普通だったら卒業しちゃってる年でまだ学生をやっていたから。年寄りはけしからんということで、「革共同」のグループから非難されました。(11) 砂川闘争以来、森田主導でいろいろな闘争、例えば警職法闘争なんかも成功しちゃったわけです。それで星宮君や高野君なんかは快く思わなかったんだね。彼らは陰ではいろんなこと言うんだけど、面と向かうと何にも言わないから、結局、森田がどんどんやっちゃって。どうも全学連の中に不満分子がいたんだね。あいつらもういい加減に学校辞める年だろうとか言って。

――原則的に全学連は学生しかなれないですものね。

❖僕は大学に8年いました。森田なんかは東大を卒業しちゃって、その後中央労働学院という、今でいう各種学校に籍を置いて。それもまた非難の的でした。(12)

――ビジョンを持って、この時の全学連を担ったのは森田派では?

❖清水先生をはじめいろいろな文化人だとか、労働組合、社会党とかとの関係はみんな僕らがやってたんですよ。その過程で妥協することもあるでしょう。そういうことをやってたから、あいつは警察の手先だとか言われることもありました。警察と交渉しなくちゃデモコースも決められないのに。それが、純粋な若い学生からすると非難しやすかったんです。しかし警察とも直接渡り合っていかないと学生運動が成り立たないんですよ。大人の社会との関係を僕らがやっていて、彼等はそれを日和見主義だといって非難するんだよ。僕自身はかなり嫌気がさしていました。一生懸命やってるのに何故非難されるのかと。

それを公然と非難してくるならまだ良いですよ。しかし、みんな自治会の方へ行って言うんだ、森田らはけしからんと。

58年夏・秋

――先ほど勤評闘争について触れられておられましたが。(13)

❖BSフジの社長をやっている白川文造は東大の文学部出身なんですけど、彼なんかと一緒に高知に行きました。行きだけの旅費を持ってね。58年の夏は、夏休みも含めてずっと行っていました。高知は勤評闘争のさかんなところでね。共産党系の人がいたり、今でいう部落解放同盟だとかもあって、右も左も非常に激しいところでした。

和歌山も激しかったですが、和歌山には一日か二日いただけで、その後すぐ高知にとばされました。白川と一緒に山の中に放り出されて高知大学を拠点として、高知女子大などでオルグしていました。

ところが、高知から東京に帰ってきた9月15日に、日教組が勤評反対の統一行動をやったんです。そのときにパクられてしまいます。

――58年9月15日ですか。

❖ええ、この時はうっかりしましてね。パクられたのはその一度きりなんですが。その日のデモの責任者が僕だったんです。実際のデモの指揮はやらないんですけれど、警察の交渉は僕がやっていて、届け出の責任者はだいたい僕だったんです。

その日の昼間のデモの責任者だったんですが、昼間学生がデモかけて、まあ無事終わったんですね。それで書記局に戻ってきたら、夜間部の学生が文部省の前にすわりこんで動かないというんです。「夜学の学生がデモやっているから全学連から誰か行って挨拶しろ」と言われて、僕が行ったんです。現地に着くとデモ隊の学生に挨拶の演説をしました。

それでデモ隊も新橋の方へ帰ろうとしたんですが、そこに機動隊がいたんですね。夜学の学生は無届デモだったから、阻止されちゃったんです。

警備の人とは顔なじみでしたから、このままでは混乱しちゃうから通せと交渉たら通れることになった。結局道が開いたわけです。

その時、私が無届のデモを指揮したとして現行犯逮捕ということになったんです。

逮捕されたところが、新橋駅のホーム、しかも深夜の混雑のなか。周りはなんで逮捕されているのか分からない。

――恥ずかしいですね。

❖カッコ悪いから「おい、やめてくれ」って。「逃げやしないから」と言ったんですが手錠をはめられて、夜中に警視庁に連れていかれました。

警視庁では、当時公安一課長で後に警察庁長官になる三井さんが「おお、小島君、ご苦労さん」とか言って。「腹へってんだったら、何か食わしてやる」って（笑）。カツ丼だか天丼だか食わせてもらいました。そうやって豚箱に入りました。

――何日くらい居られましたか。

❖そこに5～6日、入っていました。

――入られたのは一回だけですか。

❖そうです。

ブントについて(14)

――58年の暮れになるとブントが結成されます。島さんが書記長でした。森田派の名前も散見されます。

❖ブントというのは、島を中心に若い連中がやりだして、要するに僕らを非難していた人が始めたから、あまり乗り気じゃなかった。大学を卒業するというのもあったけれど。森田派が加わるとまずいっていうのもあって僕らは外されていました。

――ブントの名簿に形だけ名前が入っているくらいの感じですか。

❖実際はね。

――ブントの結成は島さんが独自にということですか。

❖生田も加わっていたけれど、彼等が森田に影響は受けまいとしてやったんだろうね。森田を入れると、彼にやられてしまってまともに議論が出来ないから。

――私は、大学時代は政治学科にいながらノンポリで…、政治学者になった今でもノンポリなのですが(笑)。このインタビューを行うにあたり60年安保と全学連についてかなりの文献を読みました。それらを読んでいくうちに感じたんですが、第二次全学連再建途上における森田派の功績に言及した文献が非常に少ないんです。森田派というのは批判の対象であって、賞賛の対象ではない。実践派で現実主義の森田派というのは、若くて理論的で理想主義的な学生にとっては受け入れ難いっていうか、かなり反発したことが、文献を通じて窺えるわけです…。

❖確かにそこの部分がぽかっと穴があいてるんだね。森田派っていうのが真ん中にいて、その周りに、森田派に対する反発があるといった繰り返しでした。ある時は高野なんかの反対があって。その後は、京都府学連や東京都学連の塩川・土屋ラインが一時あり、最後はブントの若い連中…。島や生田は森田の実力を理解していたと思うけど。しかし全学連の若い連中は森田にも会ったことがないのに悪い奴だと教えられていました。だから陰の悪役みたいになっていたんだね。

――森田派に対して反発があって、全学連の中ではだんだん疎んじられ、森田派も全学連に次第に興味が薄れて、60年安保に突入していった…、そういう感じですね。その流れの中で、58年12月の第13回全国大会では革共同の塩川さんが委員長になります。小島さんは副委員長として再任され、早稲田の加藤さんが新任です。それから書記長に土屋さんがなります。

❖塩川と土屋は都学連幹部で反森田派。

――都学連のリーダーは鬼塚（豊吉）さんで、彼も反森田派ですね。(15) 香山さんは委員長から外されてしまいます。

❖香山は胸を患っていましたから。形としては長期療養ということで。みんな辞めさせるわけにはいかないから。僕みたいなのは体が悪くないから残っちゃった(笑)。小野寺は卒業が近いということで辞めさせられたのかな。鬼塚さんは最近まで法政大学の常務理事やっていましたよ。

――加藤さんが出てきたのは、何か意味はあるんですか。

❖特別意味はないね。彼は人がいいですから。そこのところは、可もなく不可もなく、面倒くさくないということで加藤君と僕だったんだろうね。

――それから半年後の第14回大会で…。

❖都学連の塩川・土屋ラインと裏にいた立命館の星宮が飛ばされちゃって、唐牛・清水ラインになるわけ。

巻き返しというか、塩川君なんかは大きな組織の運営が上手ではなくて、能力不足だったからね。もっとも、唐牛が能力あったわけじゃないですけど。

当時、全学連の歴史の中で北大が委員長やったことはなかったんですよ。委員長は東大・京大で、副委員長は大きな私学がやっていました、伝統的に。それと、わりと良いとこ出の人が委員長やるんですよ。塩川君なんかは足立正という東京放送の会長で商工会議所の会頭だった人の孫です。香山も元満州国厚生省の役人の息子ですよ。。

❖糠谷君は森田派と呼ばれていましたが。執行委員で僕と糠谷は割と一緒だったね。少数派だけどね。

――唐牛さんは島さんが連れてきたんですよね。[16] 副委員長に糠谷さん、加藤さんが留任、書記長に清水さん。北大、東大、東大、早稲田と。これはなにか…。

59年11月27日

――(巻末資料の全学連中央執行委員名簿を参照しながら) このリストの人たちが60年安保に突入した時の幹部と理解します。志水さん、篠原さん、青木さん、北小路さん、池沢さんとか…。

❖池沢はいま中野総合病院の院長です。

――それから東原さん。小島さんも入っていますね。

❖そうだね。森田・香山でずっとやってきたから、古狸がいないと社会党やなんかと話がつかないんです。僕は60年の1月に卒論書いて卒業しようと思ってたのにストップかけられちゃったわけ。

――60年安保に入らせて頂きます。60年安保闘争の転機はなんといっても59年11月27日に安保条約に反対して2万人のデモ隊が国会に突入した事件です。この時から安保反対闘争の流れが出来るわけです。

翌年1月16日には、日米安保改訂調印のため渡米する岸首相を阻止しようとして全学連活動家が羽田空港で篭城。

4月26日には、反主流派の請願デモを「お焼香デモ」と非難して、急進的なデモを行いました。18人が重傷を負い、幹部クラスの学生17人が逮捕されました。

5月20日には日米新安保条約が強行採決され、これに対する抗議行動。また26日の17万人による国会包囲デモ。6月10日のハガチー米大統領秘書官来日に抗議する羽田闘争。

6月15日には全国で580万人の安保反対統一行動が行われ、東京では15万人のデモ隊が国会を取り巻き、全学連が国会に突入しました。この時の警官隊との衝突の中で、樺美智子さんが死亡するという事件がおこります。6月18日には安保自然承認を阻止しようとして、再度国会に突入します。

このような流れの中で、まず59年11月27日のデモ隊初の国会侵入事件からお願いします。

❖あの時のデモの責任者も僕なんです。あの時も恥ずかしかった(笑)。当時全体の指揮は僕がやっていました、共闘部長ということで。デモやる時は必ず届を出すんです。

糠谷君とか、葉山(岳夫)とか清水(丈夫)は、高いところに上って演説していますから、証拠写真を全部撮られるんです。僕はそういう事をやってないから証拠がなくて捕まらなかった。その時も格好悪かったよ。

僕はその時どこに逃げたのかな…。危ないからって埼玉県の東京外語の榎本君の家の物置の2階に潜伏しました。誰も来なかったけど。

――11月27日は予定通りの行動だったんですか。

❖そうです。ただ、国会の正門前に、当時まだ機動隊が強くありませんから、みんな集まってしまったんです。それで、今みたいに門もしっかりしてないから押したら簡単に開いてしまい、みんなが入って…。

塀も高くないですから乗り越えられるんです。それで国会の中庭で集会をやりました。最後は自主的に出てきたと思います。

——しかし政府は緊急会議を開いて「国会の権威を汚す有史以来の暴挙である」といって、清水さん、糠谷さん、加藤さんに逮捕状を出しました。翌朝の各新聞は「常軌を逸した行為」とか「陳情に名を借りた暴力」とか非難しています。

❖でも、簡単に入れちゃったから（笑）。

激突にもなりませんでした。警察はもう手を出せないんです。あんまり大勢入りましたから。だいたい1万人以上いると警察は何もできないんです、混乱するから。砂川の時は2〜3千人ですから、手を出しましたが。当時は機動隊がそんなにいないんです。

でも、政府からすれば確かに暴挙だよな。

——総評・社会党の岩井さんや浅沼さんらが「宣伝カーから流れ解散を呼びかけたけれども人々は動かなかった」とあります。

❖しかし国会の建物の中には入らなかったですよ、もともとその意思はなかったですから。あれだけ集まったのだから、ドアくらい壊して中に入っちゃえと。中庭に入っただけ。それで、リーダーの一人が「我々は国会に突入した」といって演説していました。確かに有史以来だろう、あんなところでデモやったのは。国会始まって以来だな。

——その時小島さんは指令を出さなかったのですか。

❖もう入ってしまったんだから。出せないよ。

――拡声器とかは持っていたんですか？

❖ないです。誰もが持っているわけではないから。宣伝カーには付いていますが。全学連は宣伝カーないからね。

――それじゃあ、指示も出しようがないですね。

❖普通は労働組合から宣伝カーを借りてくるんですがね。

――11月27日の次に、12月10日に同じようなデモをやろうとしました。しかし森田さんが反対したために国会デモが中止になったらしいです。

❖それはどこに書いてあるの？

――森田さんの本（『戦後左翼の秘密』）に書いてあって、学生のエネルギーをもっと後に使った方が良いというのが理由だったらしいです。それで森田さんによると、デモ前日の12月9日の夕方、タクシーに唐牛さんと島さんを乗せて、岩井総評事務局長に会わせて止めさせたと。国会デモの中止をさせた犯人捜しが始まって、結局「森田が裏切った」という噂が流れたということです。

❖あの時は、確か、東大法学部の葉山と清水が駒場と本郷に篭城しちゃうんですよ。警察は中に入れないでしょう。結局12月10日のデモの時にはお互い了解済みで逮捕されてしまうんですが…。国会には行かないで、確か（日比谷）公園まで行ったのかな、大学から出たらすぐに葉山と清水がパクられて、それに抗議して警視庁に行ったら他の奴らも何人かやられて…。それで終わりですよ。

60年1月16日

――年が明けると羽田闘争に入ります。60年1月16日です。

❖空港を占拠しちゃうやつ。あれで唐牛がパクられちゃう…[17]。

――岸首相の渡米を阻止するために羽田空港の食堂にたてこもります。小島さんは羽田には?

❖僕は行ってない。それで残ったから田中清玄に会えたんだよ(後述)。みんなが森田に言われて、阻止しなくちゃいけないと。それで生田とか唐牛とか、みんなやられちゃったんだな。

――記録では唐牛さんの他、青木さん、生田さん、古賀さん、樺さんを含め78人が検挙されたとあります。

❖4月26日までにはみんな釈放されるんです。当時は牧歌的でね、警察は捕まえた奴をみんな釈放しちゃうんですよ。ところが、4月26日に逮捕された唐牛と篠原君は安保闘争が終わるまで出してもらえませんでした[18]。4月26日のやつは「4・26」と呼ばれていますが、国会の正門前に機動隊が装甲車を並べてデモ隊を阻止するんです[19]。それを全学連が乗り越えていくんだけど、この事件で幹部の多くが捕まりました。機動隊が強くなっちゃって。ぼくもその時にその場にいたんですが、その様子が清水幾太郎さんの『わが人生の断片』(文藝春秋社)という本に書かれていて、小島君が死そうな顔をしてチャペルセンター前から帰ってきて、なにか起こるんだろうと思ったら案の定みんな逮捕された、とあるんです。随分逮捕されたんだよ。志水君とか、糠谷君とか篠原君がみんなパクられてしまった。

一ヶ月後の5月20日には今度は全学連が首相官邸に侵入するんですが、今と違って官邸の門がロープかけるとみんな崩れちゃうんです。僕らもあんなに簡単に壊れてしまうとは思わなかったですがね。それで何人か入っちゃったんじゃないですか。デモを想定して門を作ってるわけじゃないですから、作りが弱いんです。今は絶対入れないですけど。(20)

60年6月15日

――60年安保闘争のクライマックスは凄かったらしいですね。特に6月15日は壮絶だったようです。全国で580万人、国会デモが15万人、学生も2〜3万人が参加しました。その時にぶつかり合いがあって樺さんが亡くなったと。当日はどちらに？

❖安保反対国民会議っていうのがあるんですが、総評、労働組合、社会党とかいろんな団体が集まっていて、僕は全学連の代表幹事としてその会議に出ていました。参議院別館の5階にあるんですが、常時そこに詰めていたんです。

樺さんが亡くなった時、国民会議は樺さんの死に抗議することになりました。しかし、政府に断固抗議しようとなった時、共産党は反対したんですよ。あいつ等は跳ね上がりのトロツキストで、勝手にやったんだから、抗議する必要はないと。そうしたら社会党と共産党が大喧嘩を始めた。「安保条約に反対する一人の女子学生が亡くなったのに跳ね上がりだから抗議する必要はないとは何事か」と。

――樺さんが亡くなったのは圧死と言われていますが。(21)

❖そうですね。押し合いが凄かったから。東京医科歯大の丸茂さんは当時樺さんの近くにいて、意識不明になって虎ノ門病院に運ばれたそうですが「第二の樺さんになるところだった」と言っていました。

安保闘争の最後の状況で、樺さんが亡くなってこの後どうするかといった時に、一方では革命が近いからこれからまだどんどん行けという若い連中がいたけど、僕らは「この運動は6月15日がピークで、あとはどうやって収めるかが問題で、これからもう一回国会に突入するのは無理だ」と言っていたんです。実はその時学生がふくれあがって3万人も集まっちゃったんです。もう統率は無理なんですよ。

それに6月15日はもう指令できる幹部がいなかったです。全学連が一番華やかな時なんですけど、実態はね、ほとんど幹部もパクられてますから、指導体制もがたがたでね。唐牛君や篠原君などは逮捕されていませんし。残ってるのは北小路（敏）くらい。

6月18日の「安保」自然成立の日、18日の前の晩、翌日再突入すると決まりそうな時、僕らは止めたんですが、若い連中は元気がいいから「革命近し」といって聞かなかったです。そこで「革命近し」というのと、「もう終わりだ」という二つに分かれていました。

その後も彼等は「革命近し」といって、赤軍派等に受け継がれていって…、未だ革命は来ないけど。僕らはその時からもう運動に失望しはじめていたようです。活動の局面局面で指導体制にも問題が出てきていたし。

60年の夏に僕らは辞めるけど、中村光男にしても生田にしても優秀なやつはみんなアメリカに留学しちゃうんだよ。

――確かに、生田さんはペンシルバニア大学、青木さんはミネソタ大学の後にスタンフォード大学、佐伯さんはワルシャワ大学の後、カナダのモントリオール大学に行きますね。中村さんはフルブライトの奨学金で渡米しましたし、ハーバード大学の客員教授もやられています。

❖60年の安保闘争が終る頃、もう一つあったのは、マルクス主義が社会科学全体の中の一部だってことに気付いたんだね。急に目覚めて、大学卒業してからみんな変わったよね。僕らの先輩の頃はマルクス主義を捨て共産党を辞めることは「転向」と呼ばれ軽蔑されたんだけど、僕らは転向することにあんまり抵抗を感じなかった。先輩達は転向というだけでレッテルを貼られて大変だったけど。

それで、スターリンはどんなことをやったのか勉強しましたよ。ヒットラーと手を結んだ独ソ不可侵条約とはどういうことなのかと。ソ連は実は訳の分からないことをやってたわけじゃないですか。そこらへんに疑問を持ったんですよ。スペインの人民戦争も、フランスの人民戦争も、要するにスターリンは自分の国を守るために他国を犠牲にしたんですね。勉強する度にこれはおかしいんじゃないかって分かってきた。

今の人はマルクス主義なんかあんまり勉強しないかもしれないけど、僕らはマルクス主義しか勉強していませんでしたから。その後アメリカの社会学や、経営学、ケインズをやったりして、今考えれば、まさに目から鱗ですよ。共産主義の神話みたいなのがあったけど、それがなくなっちゃったんです。

当時、卒業もしなければいけない、安保闘争から足を洗う、一方で新しい世界が開けてきた…、そういうことがいっぺんに重なりました。そして高度経済成長で、何年か後には東京オリンピックでしょう。貧乏だった日本がみるみるうちに…。岸さんが辞めて、池田首相の時に「所得倍増計画」っていうキャッチフレーズが出てきてね。新しく勉強していたことが、現実に裏打ちされたように見えましたから。オリンピック、万博、生活はよくなる、というふうに。

全学連のロジスティックス

――最後に、全学連のロジというか運営について教えて下さい。警察側は公安が先ほどの三井課長でした。

❖一課長ですね。

――デモ云々というのは公安との打ち合わせですか。

❖デモは公安じゃなくて警備と交渉するんです。機動隊出動とかは警備がやるものだから。72時間前に届を出すんですが、僕がその係でした。

――それは副委員長として?

❖その時は共闘部長でした。共闘部長はいろんなことをやります、交渉やなんかも。

この前の私の古稀のパーティーで中曽根(康弘元首相)さんと森田が言っていたけど、「小島はあまり外に出ないでにこにこ笑いながら悪いことをした」と(笑)。学生運動の活動家というと、高いところにのぼって大勢に向かって演説ぶっているイメージがあるでしょうけれど、ぼくは話は下手くそだし余りそういうことはやりませんでした。主に裏方でしたね。

当時ほとんど毎日書記局には行っていました。8年間大学にいたけど大学にまともにいったことがないな。半年だけだね、一年生の前期だけは行きました。後は全然。最近の学生はそんなことはないんでしょう。

——ありません。私の授業ではちゃんと出席も毎回とりますし。かなり厳しくしています。

❖当時は期末試験だけ受ければ良かったから。だから8年間いたけど半年間しかいっていないので一体どこの学生かわからない。というか、書記局が学校みたいでした。毎日遅くまで書記局でやっていました。だから当時どこで何に乗ると終電に間に合うかを知っていました。

——そのくらい毎日終電だったんですね。

❖一生懸命やっていたからね。書記局でやって昼間まわってきて、夕方から書記局会議開くと、どうしても夜中になってしまうわけです。学生だからエンドレスに議論やる。結局毎日12時頃までやっていました。

——全学連の財源についてお訊きしたいのですが、この点については63年のＴＢＳラジオの『ゆがんだ青春』とその後の週刊朝日の記事で面白おかしく取り上げられました。また全学連の功績を過少評価させるために悪用されたという経緯がありました。

それはさておき、ことのいきさつは文藝春秋の60年2月号に「学生は労働者の気持ちを理解しなければいけない」と田中清玄氏が書いて、全学連がそれに共鳴したとか。

❖その件はね、こうです。その前年の11月27日に国会に突入したんです。その特集記事を「文藝春秋」が翌年の2月号として出して、安東仁兵衛や田中清玄が論文を掲載しました。森田も書いてるんじゃないかな。田中清玄はそこに格好のいいことを書いた。それで、それに感銘した東原吉伸が、田中清玄がどんな人か知らずに電話しちゃったんだよ。

　僕はその時清玄の名前を知っていたし元共産党員だから、僕も一緒に行きました。僕としては彼に会って戦前の武装共産党のことを訊こうと思って。60年1月18日、上野のすき焼き屋で会食しました。

——どなたと行かれたんですか。

❖東原と僕と小泉(修吉)。話はとても面白くて、僕は興味があったからいろんなこと聞いてね。今でも共産主義者として尊敬しているのは誰かとかね。宮本顕治は戦前どうだったのかとか。そしたら向こうもすっかりいい気分になっちゃってね。

——例えば？

❖戦前の日本共産党について訊いたんだけど、ひどいことやってるんだよね。野坂参三は百何歳の時除名されるでしょう。田中清玄に、「当時はどういう男だった」って訊いたら、「あれはひどい奴だ」って。コミンテルン時代、スターリンに仲間を売って、自分はさっさと中国に逃げちゃうんだよね。その後、除名された理由もまったく同じです。それを40年以上も前に田中清玄は僕らに言ったんです。その時僕らは半信半疑だったけど。田中清玄の言うことも面白いなと思って…。

　それで最後にくれたお金が20万くらい。僕らが会った時は1月で、ほとんど全学連の幹部は捕まってたんだよね。その保釈金が大変だったんですよ。当時財政部長をやってたのは東原君なんです[22]。

——当時の保釈金が全学連の幹部クラスで3万円、その他が1万円だったと聞いています。逮捕者が延べ何十人、何百人となると大変ですよね。どう考えても全学連の資金は、カンパだけではとても賄いきれなかったと思われます。60年安保が近づく頃には、全学連やブントを組織として運用してゆくのに当時のお金で年間1千万円ぐらいは必要だったと言う人もいます。当時幹部だった人の資料をつぶさに読んでも、精々、鶴見俊輔から50万円借りて返さなかったとか、当時の高利貸しの森脇将光に盗んだトラックを売りさばいたとか、その程度の記述しかありません。(23)

❖僕はお金のことはあまりタッチしていませんでしたから。東原はいろいろ僕に言ってきたけど。

――全学連と田中清玄の関係は大きくわけて2つあると思うんです。ひとつは60年安保を辞めた人の受け皿となったことです。

❖篠原君とかね。

――唐牛さん、東原さんもそうだし、佐藤粂吉さんもそうですね。

それからもう一つの点は全学連の運用資金の提供ということです。そっちは東原さんがやっていたということですが、島さんもかなり関わったと書いてあります。本人の言葉(『ブント私史』、69頁)では、「ブント書記長として私が果たした最大の貢献はこの非公式の金作りにあったことだけは証言しておこう。そして黙々として労多く報われることのないこの仕事を援けてくれた生田、香村、東原吉伸、神保誠らの存在がなかったらブントも安保闘争もあのようにはならなかったろうことも記しておこう。さらに私たちの『刑法犯』の犠牲になりながら愚痴一ついわずに許してくれた方々におそまきながら感謝とお詫びを表する次第である」とありますが…。

❖どうなんだろうね、あれは。島にそんな度胸があったかな。聞いたとかお願いしたというだけの話じゃないかな。あいつのような秀才には悪いことはできないよ。

――話を田中清玄に戻しますが。

❖清玄の先祖はもともと（初代田中正玄以来）会津藩士で、清玄のお祖父さんは薩長を追われて五稜郭までいくといったように江戸幕府の幕臣でした。清玄自身は函館中学から弘前高校へいって、その後東大に行くんです。岸内閣反対というのは血筋なんじゃないかな、新政府に反対するという…。

あるとき、清水幾太郎さんの研究会で、玉野井（芳郎）さんという生田や香山や公文俊平の先生が「小島、飲もうや」とか言ってきて、なんの話するかと思ったら、「清水幾太郎と田中清玄には共通点があるんだけど何だと思う」と言うんだな。彼が言うには、清水幾太郎は旗本の孫だったのに明治維新で落ちぶれちゃって、親父さんも竹屋をやっていたが潰れたと。清玄の田中一族の方は新政府に追われた。だから2人とも血筋からして新政府に反対なんじゃないかって。60年安保当時の岸信介は長州出身ですから…。

——田中清玄が全学連の人達に好意的だったのは何か理由があったんですか？

❖やっぱり彼は自分も若い時暴れていたし、全学連にシンパシー感じたんじゃないかな。それから、なにしろ岸内閣打倒を目指していたからね。やっぱり長州に対する反発があったんじゃないかな。

——ご先祖の[24]？

❖そうとしか考えられないよ。

砂川闘争当時の現場地図

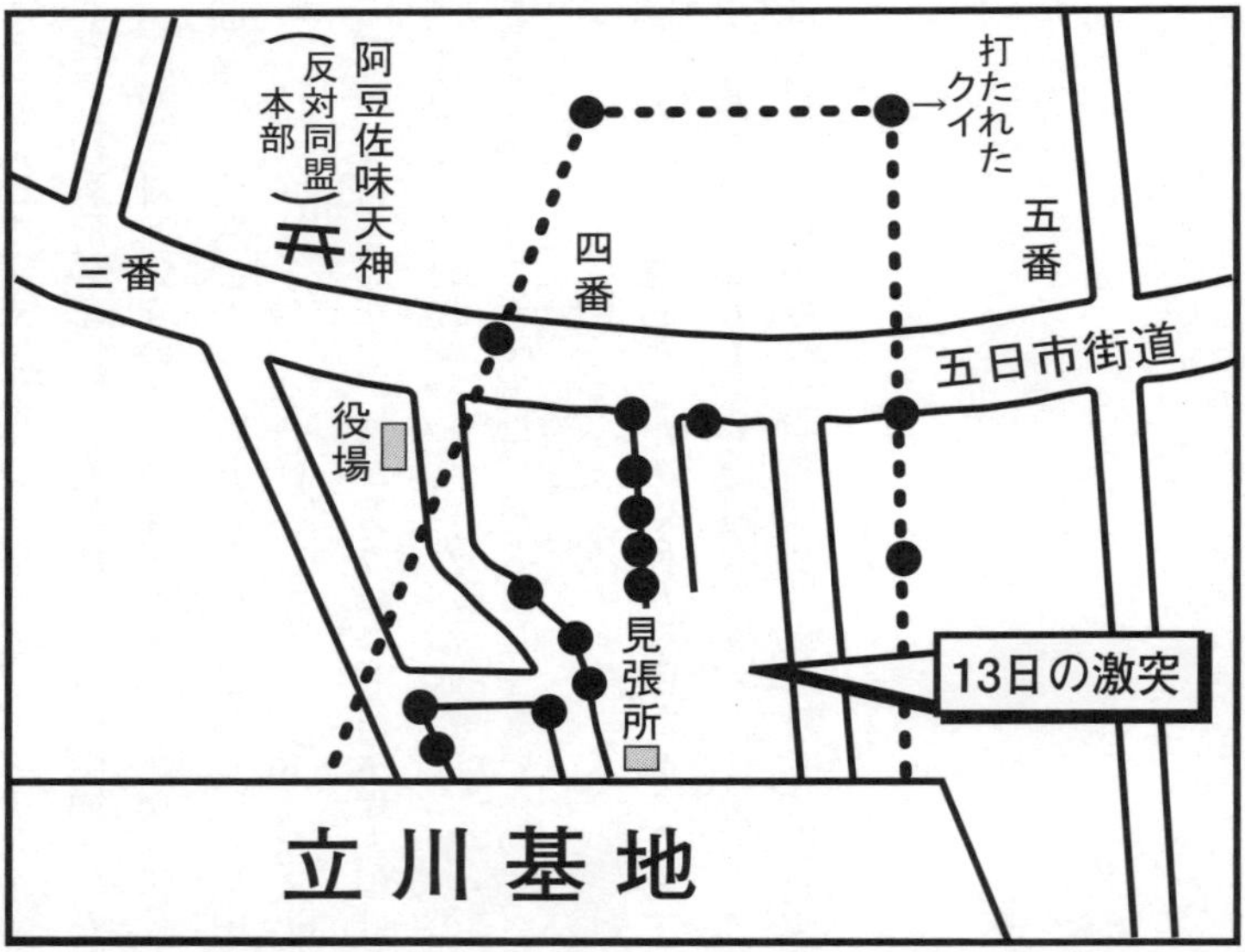

出典：伊藤牧夫ら「砂川」（1959年，現代社，114頁）を参照

注

(1) 日本共産党は、55年7月28日、第六回全国協議会(いわゆる「六全協」)を開催し、51年の五全協で「農村部でのゲリラ戦こそ最も重要な闘い」とした新綱領に基づいて山村工作隊、中核自衛隊を創設して火炎瓶等による武装闘争の方針をとっていたことに対し、これを極左冒険主義として自己批判し、きわめて穏健な議会主義に転換した。この180度の方針転換は宮本顕治(国際派)と志田重男(主流派)の和解によるもの。当時の全学連指導部は共産党の指導下におかれていて、学生活動家はほとんど共産党員だったため、党中央に対して忠実な「七中委イズム」、つまり、「踊ってマルクス、歌ってレーニン」と揶揄されたレクリエーション活動路線に転換を余儀なくされた。

(2) 彼らの当時の略歴は次の通り。
森田実　東大工学部、全学連平和部長、全学連中央執行委員。
島成郎　東大医学部、全学連中央執行委員、ブント書記長。
生田浩二　東大経済学部、全学連中央執行委員。
小野寺正臣　東大文学部、57年第10回大会で選出された全学連書記長。
古賀康正　東大農学部、全学連中央執行委員。
香山健一　東大経済学部、55年の第8回大会で副委員長となる。56年第9回大会において全学連委員長。
牧衷　東大、56年第9回大会で選出された全学連副委員長。
星宮煥生　立命館大、56年第9回大会選出の全学連副委員長。
高野秀夫　早大、56年第9回大会で選出された全学連書記長。
佐伯秀光(筆名・山口一理)　東大理学部、全学連中央執行委員。

(3) 一九五〇年の日本共産党の分裂。国際共産党組織であるコミンフォルムが日本共産党(野坂参三の理論)を批判したことに端を発し、その批判に追従する志賀義雄、宮本顕治らの「国際派」と拒否する徳田球一、野坂らの「主流派」とに対立した。

(4) 「砂川基地拡張反対闘争」とは、米軍立川基地拡張のために隣接する砂川町の約五万二千坪を撤収することに対して、町ぐるみで反対闘争を行った事件で、「流血の砂川」と言われるように、多くの負傷者を出した。この拡張計画は百数十戸の住宅の立ち退きや町の東西を結ぶ五日市街道を三百メートルにわたって分断するものであった。

(5) 森田はかなり急いでいた形跡がある。『生田夫妻追悼記念文集』(一九六七年)に「砂川闘争のころ」を寄稿し次のように述べている。

鳩山内閣が、前年(55年)の強制測量に続いて、米軍事基地拡張のための強制測量を10月1日から15日の間に行うとの契約を発表したのは、たしか、56年9月13日のことであったと思う。このことは、私どもにはすでに予想されていたことだったが、前年のにがい敗北と、その上学生運動が崩壊状態でこの闘争を全く見送ってしまったことに対する責任とを思い合わせて、全学連書記局にいた私どもは、この報道をかなり緊張して受け取ったのだった。9月は大学生の試験期で、試験勉強に忙殺される月である。活動家といえども——活動家であればあるほど、と言った方が正確かも知れない——試験期には、学生運動のみに専念しているわけにはゆかない。当時の全学連書記局員も試験に追われて、ふだんは書記局に常時10数人いるのが、そのときはわずか2～3人しかいなかった。おまけに、全学連書記局内には微妙な対立が発生しつつあった。中央部を整えてから、闘いにのぞむのでは時間が足りない、わずかな現有勢力でこの闘いにのぞまなければならない——こんな考え方をしたことが、いまだに記憶に残っている。

(6) 伊藤牧夫らは『砂川』(一九五九年、現代社刊、238～239頁)において当時の模様を次のように記述している。「抵抗すると検挙だぞ」「痛いやめろ」「乱暴はやめろ」——怒声、悲鳴、絶叫が起る。ヒノキの垣根に両側をはさまれた5メートルぐらいの道幅、逃げ場はない。苦痛にゆがむ先頭のスクラムがちぎれ、一人、二人と警官隊の中に転がる。倒れた学生の背中を踏んずける警官。「ソーラ、もう一人…」と、次々にトンネルに放り込む警官。トンネルの中でコマのように回され、殴られ、蹴られ…生き地獄さながらだ。「ワッショイ、ワッショイ」と、後方から新手のピケ隊が気勢をあげて押し寄せながらも、先頭から一列、また一列と、スクラムが強引に崩されていく。「白雲なびく駿河台…」元気いっぱい、校歌を絶叫した明治大学のスクラムも、メチャメチャに潰れた。ヒノキの枝にしがみつき、警官の殴打をじっとこらえる学生。バリバリッと倒れかかる垣根の中に首を突込んでやめてくれえと声をふりしぼる学生。三差路方面にいた警官隊千人も役場の方へ移動、なだれこんできた。警官隊のトンネルに報道陣も吸い込まれた。殴る、蹴る。だれの見さかいもなかった。それは血に飢えたオオカミさながらだった。栗原むらさんの家のそばで、日蓮宗、日本山妙法寺の坊さん20人ばかりがウチワ太鼓をたたいて「ナムミョウホーレンゲーキョウ」と合掌していたが、警官は遠慮なく警棒で頭を殴りつけた。西本敦さんがパッタリと倒れ、法衣は紅に染まった。道路から畑地いっぱいに戦場はひろがっていた。見張台の近くで、警官隊ともみ合っていた学生のスクラムの中で、一人の胸からフエが転がり出た。指揮者だと知った警官隊は、「あいつだッ」と怒鳴り、5、6人が飛びかかって、この学生を引きずり倒した。取囲んで「殺してやる」とわめく警官。「殺すんなら殺せ」と、泥にまみれて倒れたまま叫ぶ学生。「よーし、このヤロウ」と、数人の警官が警棒を頭と胸に振り下ろした。たたかれた学生は意識を失って、もう動かなかった。

(7) 『砂川』(一九五七年、砂川町基地拡張反対支援労協編、208頁)では、10月13日午後9時より、「首相官邸において、根本官房長官、船田防衛庁長官、石井警察庁長官、今井調達庁長官らが会合して14日の測量は中止することに決定した」とある。

(8) 事実、この年、砂川に参加した警視庁第4予備隊の井戸浩巡査(26歳)は「砂川問題から私の人生観は変わりました」と書いた遺書を残して服毒自殺している。

(9) 『資料戦後学生運動4』（三一書房編集部編、一九六九年、160〜226頁）には全学連第10回大会一般報告が記載されているが、そこでは「全学連の砂川闘争は社会党の手のひらでおどった、言わば孫悟空の闘争であった、全学連の闘争は社会党に利用されたものであり、勝利ははじめからわかっていたのだ、大衆が砂川の勝利を、天から降ったか、地から湧いたように感じているのは、はじめからわかっていた勝利を現地指導部が大衆に知らせなかったからだ」とある。

(10) 高野氏の立場を良く説明した書物としては早稲田の杜の会編『60年安保と早大学生運動　政治が身近にあったころ闘い、燃えた』（二〇〇三年、KKベストブック）が秀逸である。

(11) 「革命的共産主義者同盟」の略。57年12月、黒田寛一、太田竜、西京司らを中心にして結成された。

(12) 森田派に対する批判を分類すると、イデオロギーに根ざした批判と、手法・感情に根ざした批判との二つに分類できるかと思う。

イデオロギー的には、森田派が共産党に対する敵対心から総評・社会党と共闘関係を組むという現実路線をとったことにより、一部の学生からは右寄りと批判されていた。他方、手法・感情に根ざした批判も多々あったが、小島氏が挙げている以外の例を挙げると次のようなものである。

① 富岡倍雄（『唐牛健太郎追想集』、160頁）

「中執会議なんか招集しながら、真面目にやらないわけよ。途中で出ていっちゃったり…。地方のやつはそこにわざわざ出てくるわけでしょう。そういうので全学連中央に対しての反感、ことに森田はすぐ反感を呼ぶようなかたちをとるんですね。いかにも腐敗、堕落した幹部みたいな…。」

② 正村公宏（『生田夫妻追悼記念文集』、100〜101頁）

「職業的な政治屋のたまり場という空気で（略）傲慢で、ひとりよがりで、われわれのようなおとなしい（?）

学生がはいっていくと、数分で耐えられなくなるようなひどいふんいきであった。」

③『戦後史の証言・ブント、「ブントの思想」別巻』（262〜263頁）

島　森田ってやっぱり力があったものね。ずば抜けて。

星宮　それはもう傑出している。あれは何といったって、花も嵐も踏み越えてだから。（笑）

島　やっぱり学生運動とは合わないよ。飲みに行ったって、自分の好みで…。（笑）

星宮　彼は日教組の宮之原、平垣、槇枝書記次長、岩井とか、そういうのではぴったしになるわけよ。

島　ああいうのを手玉にとっていたからね。それでそのやり方をいち早く身につけて、それを学連の中でやろうとするから。

星宮　そう。だから学連にくるとあくが強過ぎた。あくが強過ぎるから反発が出た。鬼塚らにすると、全学連の運動はこうあるべきである、その幹部はこうあらねばならぬ。それから見ると、脂こってりのラードみたいなものやから、それはもう合うわけないわな、どないもこないも。

⒀　文部省が国公立教員に対し勤務評定を導入しようとしたことに対する労学提携による反対闘争。日教組は、組織を弱体化し、教員の政治活動を規制するものとして反発した。

⒁　ブントとは「共産主義者同盟」（BUND）の略称。島成郎を書記長とし、生田浩二、古賀康正、佐伯秀光らの学生が中心となって結成した組織。

⒂　星宮曰く（『ブント「共産主義者同盟」の思想別巻』、一九九九年、批評社、250頁）、

「有名なエピソードとかいろんなことがあったけどね、もうどないも鬼塚がだめなんだ。都学連というのは鬼塚がリーダーなんですよ。塩川や土屋とか法政の連中というのは、鬼塚の意見で決まるわけ。鬼塚が強烈なアンチ森田やから、これはどないもならへん。」

⒃　『唐牛健太郎追想集』（一九八六年、刊行会、164頁）で、島は次のように発言している。

――唐牛に最初に目をつけたのは、だれなんや？

島　それはおれだ。おれが共産党のときから一貫して全学連の人事部長だったんで、塩川のあとをだれにするかというとき、青木にやるかと言ったら、あいつはすぐ逃げちゃうだろう。清丈かと言ったら、あれは「おれが委員長になったらマンガだ」と（笑）あとは北小路だろう。北小路じゃだめ。北小路はそのときから候補に上がったのね。おれは唐牛しかいねえと思った。みんな反対したんだよね、東京のやつは。知らなかったというのもあるんだろうな。

星宮　賛成したのはこっち。

島　それでおれは、もう唐牛で行くと。消去法ですよ。

⒄　この闘争で起訴された全学連中央執行委員は、青木昌彦、生田浩二、篠原浩一郎、鈴木英夫、林道義等。その他にも、奥田正一、片山迪夫、西部邁、倉石庸らがいた。この2日後（1月18日）に東原、小島らが田中清玄に面会し、「いま幹部がつかまっている。差し入れや保釈金や弁護士関係などで金がいる」と資金援助を願い出ている。

⒅　朝日新聞（60年4月27日付）は、唐牛、篠原氏の他に、多数の幹部が逮捕されたと報道している。その中には糠谷秀剛、宮脇則夫、藤原慶久、陶山健一、山田泰暉、志水速雄、江南義之、才田右一、松尾浩二、永見尭嗣らの名前がある。このうち、唐牛、篠原、志水、陶山、糠谷、藤原の6人は起訴され6月の安保闘争には参加出来なかった。また5月20日には清水丈夫も逮捕された。このように当時の全学連の戦闘能力低下は顕著だった。

⒆　この年の通常国会会期が5月26日まであったので、政府としては1ヶ月前に安保の衆議院通過をはかり、その後参議院での自然承認が可能と考えたようである。安保反対派はその4月26日にあわせて統一行動を決めた。

⒇　記録では約7千人の学生デモ隊の一部、約3百人が官邸に入った。「全学連清水書記長が首相官邸と自民党に

デモを行おうと提案。泡を食った警官隊が防御したが、一部が中に入り込んでしまった」とある。清水書記長を含む8名が逮捕された。

(21) 当時の模様を最も詳しく報じているのは『女性自身』(60年6月29日号)である。引用する。

中(国会構内)に入ったのは約千5百人。樺美智子さんは、このスクラムの先頭から3番目の列に加わっていたのである。彼女の左右に腕を組んでいた森田幸雄君と山中啓二君そのほか友人、目撃者たちの話をまとめると、悲劇の模様は、だいたいつぎのようだ。

「突入した瞬間は、警官隊が案外もろかったので、うまくいくかもしれないと思った。けれど、数十メートルつっこんだとき、おびただしい数の警官が国会のビルのかげに並んでいるのがみえた。それでも、ぼくらはその群に向かって前進した。同時に警官隊もこっちへ進んできた。両方とも無言だった。

やがて、正面からぶつかった。ぼくらの武器は、スクラムだけなのに、警棒をめちゃくちゃにふるった。樺さんは、髪を乱しながら頭をちぢめた。うしろからもデモ隊がおしてきて、ものすごいもみあいになり、彼女は両方からおされて動けなくなったところを、警棒の一撃を浴び、悲鳴を上げて倒れた。そのうえに学生が何人か折り重なって倒れ、さらに警察官が殺到して、それっきり、とうとう起きあがれなかったのだ。もちろん、ぼくらは夢中になって助けだそうとしたが、警官隊には通じない。彼らは倒れた仲間たちを、容赦なくふみつづけ、やっと彼女を抱きあげたときは、倒れてから5分ぐらいもたっていた。

社会党の秘書団が現場から運び出してくれたのだが、顔はまっ青だし、血とドロにまみれた両手、両足は、ダランと下がったまま。仮診療所(新館地下の議員面会所)に寝せたときには、もうひとことも発しなかった。彼女が死んだなんてまだ信じられない。前日、大学の研究室でぼく(山中)に、どんな本を読んだらいいとか、一生けんめい親切に教えてくれた樺さんだったのに…」

(22) 当時、田中清玄は雑誌のインタビューに答えて次のように述べている(週刊朝日、63年3月22日号、14頁)。

席には私の秘書をまぜて6人いたが、すき焼きを15人前ぐらいたべましたよ。さいごに「なんかいうことないか」ときくと「いま幹部がつかまっている。差し入れや保釈金や弁護士関係などで金がいる。文化人を回ったりカンパを集めたが、どうしても足りない。書記局の電話もとめられた。なんとかしてもらえないですか」というんだな。金のことは予期してなかった。ちょうどそのころ女房が胃かいようで入院していたので、手術料で15〜16万円もっていた。「これ手術料だけど持ってゆけ」というと、「ぜんぶもらったら、ここの払いが困るんではないですか」といわれて大笑いになった。そこの払いが確か1万5千円ほどだった。残りを渡しました。驚いたところは、東原君が受取を書いてよこすんだな。「おれが悪意をもってこの紙を振回したら、おまえの政治生命にかかわるぜ」というと「いただいたものはいただいたもの。あなたはそんなことをする人には見えないし、たとえしたとしても、私の責任で処理します」と答えた。この態度が実にいいと思った。よし、今後できるだけ援助してやろう、そう思った。

(23) 鶴見俊輔は一九二二年生まれの評論家。60年安保で東京工業大教授を辞職。先駆社を創立して丸山真男らとともに『思想の科学』を刊行。森脇将光は49年に長者番付で全国第一位になったほどの金融業者。森脇は造船疑獄事件で証言台に立ったことで知られる。80年12月吹原事件で入獄。

(24) 確かに、『田中清玄自伝』（一九九三年、文藝春秋社、16〜17頁）では「戊辰戦争当時の話は物心がついてから、ずうっと聞かされて育ちましたので、自分としては北海道生れではあるが、もちろん生粋の会津人だと思っています」と述べているし、この『自伝』でも反岸色を鮮明にしている。一例を挙げておく（327頁）。

――岸首相とは決定的に合いませんね。

田中　児玉（誉士夫）ですよ。岸は児玉を使った。それから、軍部、とくに東条とつるんだ。（略）俺が岸と決定的に対立したのは、彼が戦前は軍部と結託し、戦後はGHQや国際石油資本の手先となって、軍国主義に覆い尽くされた戦前のような日本を復活させようとしたのが、最大の理由です。だいたい、岸は戦犯なのに、アメリカのダレスのように日本を再軍備しようと企んでいた連中が、岸を支持し、彼を戦犯から解放するのに全力を挙げたのです。ダレスが考えたのは、日本を黙ってアメリカのいうことをきく植民地にすることでした。吉田（茂）さんはそういうアメリカの要求に抵抗し、それを防いだ最大のダムの役割を果たされたのです。このような岸の意図を見抜き、彼に真っ向から立ち向かって、岸の体制を壊そうとしたのは、俺一人だ。

※インタビューは二〇〇二年7月31日、及び8月6日の2度にわたり行われた。記録は板垣麻衣子及び杉原梓が担当した。

第二章

小野寺正臣氏の証言

【小野寺正臣氏の略歴】

- 1933年12月15日鹿児島生まれ。父親の転勤に伴い、広島、仙台、札幌、高松、東京に居住。都立大泉高校卒業。60年東京大学文学部中国文学科卒業。
- 法政二高教諭を経て、日中貿易の仕事に長年従事。
- 現在、スヤマ・インフィル(株) 代表取締役社長。

――小野寺さんは一九五七年6月から58年12月まで全学連書記長として活躍されました。お会いしたら是非訊きたいと思ったことがありまして…。それは60年安保及び全学連の書物を読んでいくうちに気づいたことなのですが、安保の文献の中に小野寺さんご自身が書かれたものが殆どないということでした。『唐牛健太郎追想集』や『天籟を聞く――香山健一先生追悼集』において短い追悼文を書かれている程度ですね。これには何か事情がおありなのでしょうか?

❖特に理由はありませんけど、今まで書くような仕事や機会のない道を歩いてきましたから。もう一つは、森田(実)君だとか香山(健一)君、小島君等と一緒にやったという方ですから、自分がどんどん率先して書くということではないという気持ちが強かったです。書くような環境にいれば書いたかもしれないですが。こういう経済情勢で、私が社長をやっているような中小企業はくるくるとこねくり回されている状況ですから、なかなか年の割にゆっくりできないものです。

香山健一君のことなど

――書記長という全学連における最高幹部の要職に就かれていらっしゃったわけですので、これを機会に経験としてお持ちになっていらっしゃる貴重なお話をお伺い出来ればと思います。どういうふうに進められても結構でございますが…。

❖それではまず始めに、我々の仲間の一人である香山君(当時の全学連委員長)の話から入らせて頂きます。[1]

香山君は98年3月に亡くなられたわけですけれど、それまでは学習院大学の教授でした。その学習院の彼の教え子が中心となりまして、香山の奥さんが世話役みたいになって、他大学で教授をやっている人達のお力も借り、私と小島君も加わって、研究会みたいなこと（「香山健一――人と思想」研究会）をやってるんです。たまには自分も話せということで私も出ていますが、香山君が旧満州から日本に引き上げてくる部分や学習院に入ってからのことを手分けして、彼の人生をなぞるようなことをやっています。聞いて頂くのは香山君の教え子の世代で30～40歳代ですから、我々には当然のことであることが彼らにとっては分からないということがあるわけです。例えば「ジグザグデモ」と言っても知らない人がいるでしょう。言葉として知っている人はいるでしょうが、我々にとってはそれがひとつの場面として浮かんでくるんです。

――あるいは「ダラ幹」なんていっても分からないですからね。

❖そうです。そこで、我々にとっては当たり前のことも、もう一度知ってもらおうということになりました。当時のバックグラウンドをもう一度復習しようということになった。これをやっている時に小島君とも話して苦笑いしたんですが、我々が小学生当時、おじいちゃんにあたる世代に日清・日露戦争の話を聞かされたものでした。日露戦争は一九〇四～五年ですから、一九四〇年代からすると、40年も前の話なんですよね。しかし考えてみたら、我々が学生運動をやっていたのが50年後半ですから、やっぱりそれと同じくらい時間が経っているわけです。当時の学生運動について私が当たり前のことと思っているものでも若い人には理解できないだろうなと…。

この研究会は香山君の軌跡をたどるということでやっていますが、自分の時代の動きでもあるんです。やはり、日本が戦争に負けたということが大きなショックで、今で言えばアメリカの9・11事件よりもショッキングなことでしたから、ここが自分の思想形成の原点になっています。香山君の戦後は満州からの引き上げから始まりますが、続いて敗戦の混乱、食糧難、「六全協」と。私の経験もほとんど同じです。

香山君の全学連時代について申し上げますと、56年6月の第8回全国大会で全学連の書記長になります。そしてその直後の7月に「六全協」になりました。その後国立大学授業料値上げ闘争、勤評闘争があって、59年11月に国会の中庭に入って、60年1月に1・16事件というふうに歴史上に残っている事件があります。それで二人とも60年3月に卒業したんですね。

香山君もそうですけど、私も58年12月に退きますから、それ以降は書記局の役職だけでなく中執(全学連中央執行委員会)にも出ていません。ただ当時若い世代に完全に交代するのは混乱するというので、小島君と森田君は、立場はどうあれ、中執に残りました。私は書記長を辞めたのを機会に、学校に戻って卒業しようと思いました。ですから、それ以降全学連の会合には出ずに、その前後にブントがいろいろやっていましたけど、一種の客分みたいなものでした。若い連中が「突っ込め、突っ込め」となって理論的にも突っ走っているのを、もう馬鹿らしいと思っていました。ですから、私にとっては、60年安保は全くの他人事ということではありませんが、運動の主体としては一歩も二歩も下がったところにいました。

――60年に卒業された後は?

❖60年の3月に卒業して4月から法政二高の教壇に立ちました。そこは高校なんですけど、大学教職員組合といって大学と一緒になった労働組合があって、大学の教授や助教授などの希望者、高校は管理職以外はみんな入っていまして、私もそこに入りました。その組合の取り組みとして安保をやりました。「この前まで全学連としてデモを指揮していたんだろう」と言われて、デモの係りになって、動員の振り分けなんかをやりました。全学連としては安保をやりませんでしたので、そこのところは小島君や森田君と違いがあります。ですから、この「60年安保、6人の証言」というテーマについては、時間的、内容的に小島君のとは違いますので、その点ご理解下さい。全学連の森田派の動きということで私が語れるのは役職を退くまでです。

——分かりました。森田派・森田グループと呼ばれる人達が全学連にどのような形で関わっていたかというのがこのインタビューの大きなテーマの一つです。小野寺さんの場合は、57年6月の第10回大会において書記長に任命されて、58年12月の第13回大会で退かれるまで全学連で活動されたわけですね。

❖そうです。

生い立ち——東大に入るまで

——一年半といっても激動の時代でしたから、その間に特筆すべきことがたくさん起こっていますし、最高幹部のお一人であったわけですから外からでは理解できない様々な体験があったと推察します。その辺の事情を詳しくお聞き出来ればと思っています。それでは、小野寺さんの生い立ちからお訊きしたいと思います。お生まれは？

❖33年12月15日です。

――ご出身は？

❖生まれは鹿児島です。しかし鹿児島にいたのは1歳半までですから記憶も何もありません。旧制中学の2年生からはずっと東京で、その意味では東京出身かもしれません。父親があちこち転勤していましたから、それにくっついて鹿児島、千葉、広島などを転々としました。広島の頃から記憶があります。爆心地から直線にしたら4キロ離れていないところに住んでいました。あのまま父親がそこにいれば原爆にやられていました。

――いつ頃ですか。

❖まだ幼稚園にも入っていないですから、38年頃です。広島の後に仙台に行きました。仙台で小学校に入って、小学校の2年か3年の時ですかね、その前の年に太平洋戦争に突入しましたので、父親が新しく編成された北部軍というのにとられて札幌に行きました。郊外にある小学校を出た後、道立札幌二中に入りましたが、小学校6年の時に日本は戦争に負けて、父親は軍から離されて単身東京に行き、復職しました。その間我々は札幌に残っていましたが、父親が高松に転勤になった時に一緒に行きました。今のようにトンネルもありませんから、連絡船での大旅行でした。結局札幌二中には1年もいなくて、2学期目に高松中学に移ったことになります。

高松に着いたのは12月のことだと思いますが、直後に南海大地震（46年12月21日）が起きたんです。地震があったのは明け方で、バラックは軽いから揺れすごかったんですが壊れませんでした。外に出ると地割れが走っていました。マグニチュード8以上のすごく大きな地震でした。その後、学校を探しに行きましたが、多くの校舎は焼けましたからね、結局、飛行場跡の学校まで通うことになったのです。しかし、そこの学校にも1年いないうちにまた転勤があり、2年生の2学期に転校して、東京に行きました。

——東京のどちらへ。

❖桜台です。家に着いて何日目だかに父と学校を探しに行きました。西武池袋線に乗って、電車から校舎が見えて降りたのが大泉高校でした。そこで試験を受けて転校手続きをしたんです。

——旧制大泉中学ですね。

❖そうです。府立二十中。我々は旧制中学の最後の学年でした。我々が中学一年の時にアメリカの六三三制に変わりました。ですから我々は2年になっても後輩がいないんですよ。代わりに私の妹は新制中学の一年生で、先輩がいないんです。ちょうど境目の学年でした。ひとつ上の森田達は一学年だけですが後輩がいましたから、その意味では違うんです。それは大きな違いでしたよ。我々には復員して帰ってきた連中が戦争の憂さ晴らしだか分かりませんけど、下級生をボカボカやるわけですよ。で、我々には下がいないでしょう。

——発散できないわけですね（笑）。

❖下が入ってきたらやろうと思っていたのに（笑）。

——高校卒業後に東大に入学されるんですね。

❖ええ、私は一浪しましたが。

――当時も受験戦争というのはあったんですか？　受験地獄みたいなものは…。

❖ありました。でもこればっかりはしょうがないことだと思っていました。当時旧制中学に入るということも、人口比率からすれば大学へ入ることと同じですからね、優秀かどうかは別として人口比率だけで言えば。地獄と考えられてはいなかったと思います。本人にとっては楽しいこともありませんし、地獄でしたが（笑）。

――そして、文学部に入られたんですね。

❖教養学部ですね。当時は、文系は一類、二類の二つでした。今は文学部が三類になっていますが、その時文学部は二類に入っていました。駒場の教養学部で語学と一般教養過程を受けましたが、試験勉強で数学をやって、もうこれでやらなくて済むと思ったのに、大学に入っても数学があってうんざりしたのを覚えています。

共産主義への関心

――共産主義に興味を持たれたのはいつ頃ですか。

❖この経緯は森田君や小島君、香山君と違っていると思います。私の場合は高校時代に英語部に入ったことから始まるんです。旧制中学はずっと男子校で、大学で共学になって、最初はあまり元男子校だったところに入ってくる女学生なんかいませんでしたけど、そのうちぽつぽつと女学生が入ってきましたから、なんだかかっこいい方が良いからという理由で英語部に入りました(笑)。一方で、社会ではいろいろな事件が起こっていたので、私としてもそういうものに感ずるところがありました。そんな中、仲の良かった連中と同人誌を作り小説の真似事をやったりしていました。それぞれ持ち寄ってガリ版刷りで。高校のときからです。そういうことをやっていたグループは桜台の近くに住んでいたので、私の家に集まったりしていました。

その頃「朝日グラフ」が原爆の被害について初めて写真集を出したんです。それは私が浪人している時ですから52年です。8月10日の前でした。今みたいにいろいろな雑誌はありませんし、写真週刊誌なんてない時代ですから当時としては注目されました。私の母方の伯父は長崎造船に勤めていて、娘3人を含めて家族5人が原爆の被害に遭って、残ったのは叔父と一番下の娘だけでした。「朝日グラフ」の写真を見て、これは戦争に負けたけれどもアメリカは酷いことをしたからみんなに知らせなきゃならん、というのが素直な気持ちでした。

そして、誰が言い出したということもなく、これをアメリカに送ろうということになりました。当時、英語部の関係でアメリカ人のおばちゃんを月に一回呼んで会話の練習をしていて、彼女からペンパルやれという勧めがあったので、「私は日本の少年で…」なんてことを書いていました（笑）。そういうことがありましたから、これをアメリカの人に知ってもらうのが大切だろうと思い、何冊か買って、写真集の短い説明文を英訳して送るということをやったんですね。運動というわけではないのですが、仲間内で。そういう流れで原爆についての関心を持ち始めました。

アメリカの友人には知らせましたが、日本国内はどうか、ということを考えていた時、「原爆の図」を描いた赤松俊、丸木位里夫妻という画家がいて、それを展示して地域の人に見てもらおうという話になりました。高校の同級生の仲間と赤松俊さんのところに行ってお願いしたら、お金を取ることもなく承諾してくれました。

次は会場ですよね。夏休み中ということで豊島園近くの小学校に行って「こういう趣旨で一日貸してくれないか」と言ってお願いしました。それで赤松さんの絵を借りてきて実際にやったんですね。今考えるとよくやったと思います。赤松さんも来てくれて、「絵は絵だからちゃんとやってくれ」と言われて、教室に暗幕を張ってやりました。それから、宣伝もしました。当時、私の同級生に区会議員の息子がいて、親父さんの選挙に使うマイクを借りて、リヤカーを近所の米屋から借りてきて、リヤカーにスピーカーを乗せてひとりが引っ張り、ひとりが宣伝をしました。結構人が来ましたよ。

夏が終わると私も浪人中ですからその後は勉強の方に向かって、春に文科二類に受かって入学しました。今から後悔してももう取り戻せませんが、当時は勉強から解放されたという気持ちで一杯で、学問に向かうなんて気持ちは起きなくて、講義なんかには殆ど行かずに、あちこちで遊んでいました。その時、今考えると共産党員だった人達がやっている子供会の活動に誘われたんです。子供会とは言っても、近所の子供が10人くらい来るだけですが。そこで紙芝居なんかをやったり。そういう場を提供したのは共産党員だったんです。紙芝居や人形劇で「三匹の子ブタ」なんかをやっていましたね。大学行かずにそんなことをやっていました。

――大学に入学されたのは何年ですか。

❖53年4月です。

――まだ共産党が火炎瓶闘争をやっている頃ですね。

❖ええ。私は関与していませんでしたが。原水爆禁止運動をやったり、当時セツルメントって言う、今で言う福祉ですよね、そんなことをやりました。しかしこれだけではなかなか頭に描く目標通りに行かないということで、その頃大学には、民青、つまり民主青年同盟があって、これは共産党の予備軍を作ると言うものです…それを地域でもやっているものですから、子供会なんかをやっていた関係で共産党に対するアレルギーは薄れていたので、大学で勧誘されて民青にすんなり入っていきました。

そしたら、民青の組織命令で、本部に行けと言われて通勤し始めたんです。今は建物そのものもなくなってしまいましたが、当時は銀座4丁目の松崎煎餅の前にありました。民青は共産党の下部組織ですから、班（共産党の細胞にあたる）へ行って民青中央の方針を伝えるのが私の役目でした。いわゆるオルグです。そしてカンパ集め。大学でもいろいろやっていたから弁も立つと思われたんでしょう、文化人相手のカンパ集めをやらされました。ここへ行け、あそこへ行けとリストを渡されて。それこそ飛び込みでやっていましたよ。一日まわって一銭ももらえないなんて時は悲しくなりました…。それで「六全協」になるんです。

私は、どの契機をもって共産党に入ったことになるのか分かりませんが、民青と共産党を分ければ、民青に入った半年くらい後に「おまえはちゃんとやってるから共産党に入らないか」ということで始めたんだと思います。その時は生田（浩二）も先にいて、威張っていましたよ。学年は一緒だけど私は新入党員ですから…。そういう流れできていますから、民青でもマルクス主義の知識や理論は勉強しました。ですから、どこから共産党に入ったかという時代区分は難しいですね。ただ「六全協」の時にはもう共産党に入っていました。

――「六全協」は55年7月です。

❖これでもう瓦解ですよね…、特に学生組織の場合は。民青もそうですし。私はまだ民青の仕事を引き続きやっていました。

私の場合、戦中は軍国少年として育って、鬼畜米英って教えられて、日本が負けて悔しいと思っていました。その後、進駐軍がくれば「ギブ・ミー・チョコレート」なんて言って…。いい加減なことやっていましたが(笑)。あれはしかし大転換ですよね。敵がチョコレートくれるんですから(笑)。これが一度目の人生の転期です。

そして「六全協」で…。いわば二度目の大転換です。今までの共産党の軍事路線は間違っていたと言うことになって。そして党中央から追われていた連中、宮顕（宮本顕治）だとかの国際派が戻って来るんです。そういう中にいたのが島成郎ですね。私にとっては敗戦による挫折に匹敵する大転換でした。しかし、その時はマルクス主義には疑問は持たなかったです。目的は良いけれど、やり方が悪かったのだと思っていました。ですが「自分は大学にも出ずに一所懸命やっていたのに、一体あれは何だったんだ」という思いがあって、しばらく運動から離れて、それこそボーっとしていました。学費くらいは自分で出さなければいけないのでせっせとアルバイトをやっていました。

そのうち、国立大学の授業料値上げ反対運動が始まります。その時は民青の運動も共産党の仕事もやりたくないと思っていましたから、一学生としてやっていました。これには再軍備反対という政治テーマも重なっていました。しかしその時は学生運動はなきに等しい状態でした。「六全協」時代には実は表では平和擁護運動をやって、裏では依然として軍事活動をやっていたんです。軍事活動をやめてから、「歌って、踊って」になったわけではありません。私の記憶が正しければそういうことでした。そんな時、授業料値上げ反対で文部省にデモに行きました。確か、吉田茂内閣だったと思います。「重光首班実現」というスローガンを掲げていました。私としてはこの時生れて初めて街頭のデモ行進に参加したんですよ。

大学では自治会の再興も平行してやっていました。民青や共産党で働いていた経験があったからだと思うんですが、自治会から「都学連をやれ」と言われました。56年1月の授業料値上げ闘争より後で、10月の砂川闘争より前の時期です。都学連の事務所は神田淡路町の印刷屋さんの隣を借りていました。まもなく東大に近くて便利な金助町に移りました。淡路町は明治や中央には近いのですがね。私は都学連の執行委員になって常駐的にやらされていました。

そして砂川闘争には、都学連の代表として派遣されたのです。当時の全学連執行部は高野秀夫が書記長、牧衷が副委員長、森田実が平和部長で彼らが中心になっていました。それで、先発隊となって主として小島と私が現地に行きました。森田は新聞記者や社会党の議員などと交渉したり、情報を取る仕事をやっていました。

第2次砂川闘争（56年秋）

――砂川闘争については、小島弘副委員長に詳しくお訊きしました。小野寺さんからはそれを補足する形でいろいろお聞かせ願えればと思っています。まず現地に行ったのは9月からですか。

❖おそらく9月に行ったと思います。

――記録では「9月23日に全学連中執委砂川現地闘争本部を設置」となっていますが。

❖その前です。総評も共産党も全然来ていない時です。共産党は当時、共産党系の大衆団体を前面に出していました。共産党は55年の第一次砂川闘争のときには動員を呼び掛けていましたが、途中で「六全協」の関係もあって引いてしまったんです。それで砂川の人達の信用も失って、主体が社会党や全学連に移っていったんだと思います。

――砂川ではどのような活動をされたのですか。

❖宮崎さんのお宅を本部にさせていただいていました。森田が大学を回ったりして我々は受け入れのほうですから、来た人をいかに泊まり込んでもらうかっていうことをやりました。民宿の親父みたいに(笑)。最初は宮崎さんのお宅に泊まり、学生が大勢来てからは砂川中学の体育館に泊まったりしました。山岳部の連中は寝袋を持ってきていましたが、体育館は板の間ですし、布団なんかは持ってこられませんから俵をしいてその中にもぐりこんで寝ていました。

そうなってからは小島と私もそこで寝ましたね。日ごろの学生生活ではやらないのに、その時は朝起きてラジオ体操なんかをやっていました。「起床!」とか言って。起きると掃除をして、その後砂川町の五日市街道にデモ行進しました。それが終わると待機という形をとって…。合間には各自治会とか大学に行ってPRして、何人か連れて帰ってくるという感じでした。私と小島は常駐していました。

――体育館には何人くらい入れたんでしょうか。

❖そんなに大きくないですが、雑魚寝ですから5百人くらいいたのかな…。

——満員ですよね。

❖そうですね、だんだん近くなってくるとね。新聞でも「測量近し」なんて書かれていましたから。

——体育館に入りきれない場合は？

❖分散です。それから、女学生も来ますから彼女達には別の所に泊まってもらいました。風紀問題が起こっては困りますから。個人の自由云々は別として運動にマイナスになりますからね。宮崎さんのお宅は砂川五番で立ち退き予定地に入っているところですが、中学校は外れのほうでした。いまの立川へ抜ける道のほうです。

我々の役目は来てもらった学友諸君の士気が落ちないようにすることでした。毎日顔ぶれがかわりますからね、予定地の所まで行って…。ちょうどガイドの様ですね(笑)。民宿の親父がガイドになって、砂川基地拡張がいかにアメリカの軍事戦略の中に組み込まれた計画かを説明するんです。要するに、我々が何故反対するのかを。

——帰ってから後日またやって来る人もいたんでしょうね。

❖今とは違った意味でアルバイトが重要な時代でしたから、一日帰ったり。「今日は駄目だけど明日また来る」という人もいましたね。あくまで自発的なものですから。

さっき、安保の時には教職の労働組合の一員として参加したと言いましたが、あれと学生運動と何が一番違うかというと、学生はみんな手弁当です。労働組合は交通費や弁当も出て、その他に日当も出るんですから。自分が持っている金でやるのとお金をもらうのとでは全然違いますよ。自治会の中にはバスを出して、お弁当を出すところもありましたが、日当は出ませんから。

それから、我々も常駐と言いましたが、時々打ち合わせで本部に行ったりカンパ運動に行ったりもしました。新宿とか上野とか人の集まる所に行って。

――カンパ運動は募金箱のようなもので？

❖箱は赤い羽根募金のように決まったものではなく、みんな自分で作ってやりました。

――どのくらい集まったんですか。

❖結構集まりました。当時ラーメンが30円の時代に、百円札入れていく人がいましたからね。それを現地の闘争資金にしたり、全学連全体の活動資金にしました。だんだん金額が増えていくに従って、世論が味方についてきたという実感がありました。「学生さん頑張って」と言ってくれる人もいましたし。「馬鹿野郎」なんて言う人もいましたが（笑）。カンパ運動を終えて、夜行列車に乗って、立川に着くということをやっていました。

このカンパが、後に内輪揉めの時、「小島や小野寺は金を自分らでうまいこと使っている」とか「森田達はカンパの金で飲んでる」という誹謗中傷につながりました。現に金を動かしていたのは我々でしたし。しかし、これは証人も何もありませんから自分で言うしかないですけど、自分らとしてはカンパの主旨に合わないことは全くしていません。

だんだん機動隊出動の時期が近くなってくると、衝突に備えて鳩尾をやられないように桟俵を付けて、その着る練習から始めていました。女子学生には危ないからと言っても聞かなくて、実際、衝突が始まると入ってきてしまうんですね。そう言う意味では、後の60年安保で樺美智子さんが亡くなられますが、あれも本人が行くと言って入ってきたんでしょう。

――そういう伝統はその頃からあったんですね、女性も自発的に闘争に参加するという。

❖ええ。伝統と言うか。指示したわけではないですけどね。

――56年のピークは10月12日と13日ですが…。

❖最初の12日の時は砂川の三番の通路口から来ました。睨み合いの場面が多かったと思います。すごかったのは2日目です。三番の方向と正面の郵便局方向からの両方で、私は最初三番の指揮をしていました。指揮と言っても格好の良いものではなくて、スクラムを組みますからその先頭の列の真中にいました。

――3部隊に分かれていたようですが。

❖3部隊というよりも、郵便局の方から来るものに対する部隊と、三番から来るものに対する部隊、そして予備部隊だと思います。小島と私は別々に指揮して、私は三番のほうをやっていたと思います。

全学連でやる以上は小島と私の指示通りということが原則でした。組織図があったわけではないですが。森田は全体の指揮ですから、常時いるというわけではありませんでした。2日目は向こう（調達庁）も本気でやってきました。衝突しましたが、学生部隊の後ろの奴はぐいぐいと押して来ましたので、その間に挟まった最前線の我々は大変でした。指揮者だからやめてくれとも言えないし(笑)。小島君も言っていますが、機動隊に一人ずつ引っぺがされて、トンネルの中を回されて、その中で殴られました。そしてトンネルを出た後は放免されて、また加わるわけです。

気を失ったのは何時頃だったかな…。警棒がここ（喉首を指す）に入っちゃったんですよ。殴られた時はスクラム組んでいましたから、それを振りほどくわけにもいかないし。それで呼吸を失ったか何かで気絶してしまったんです。高速撮影ってありますよね、スローモーション。気絶する寸前というのはああいうふうになるんですよ。機動隊の動きなんかがゆっくり見えて、気を失うんです。下手したらあのまま死んでしまったかも分からないですね。

――どこかに運び込まれたんですか。

❖いや、自分で気が付きました。ハッと気がついた時にはゆっくりしていた動きがいきなりパアッと早くなるんです。その時には隊列も何ももうめちゃくちゃになっていました。起きあがってから、四番の方に行ったんですが、その時はもう指揮系統なんか関係なくなっていました。激突しているところはちょうどサツマイモ畑で、10月で実っている頃でした。我々は別にルールを作っていたわけではないのですが、畑には入らないで道路でやっていたのに、機動隊が横からやってきて、そこからは追う方も逃げる方もめちゃくちゃです。私が気絶から目を覚ましたのはイモ畑の中でした。それまでどこでどうなっていたか全く分からないです…。

そのうち、なんとなく停戦状態になって、「国際学連歌」等を歌っていましたが、夕焼けが見えて、誰からともなく、「夕焼けこやけ」を歌い始めました。今だったら何でしょう、「明日があるさ」でしょうかね（笑）。

――それで測量中止になり、反対派の勝利になったわけですよね。

❖勝利というよりもほっとしたという感じでした。阻止したという意味では勝利と言えますが、こちらもボコボコにやられましたから。服はズタズタ、泥だらけで。最後はみんな、阿豆佐味天神の境内に集まりました。香山が前の日にプラハやあちこちを回ってちょうど日本に着いたんです。勝利の時には現地に間に合いました。そこで彼は演説をしました。

第2次砂川闘争以後

——第2次砂川闘争の後、全学連内部で一悶着ありましたが、その辺の経緯は。

❖勝ったはいいんですけど、その後、学生はサーっと帰っていきますから、小島君と私は後処理に残ったんです。お世話になった現地の方々がいますから。闘争をやっている時は気力でやっていましたが、終わってほっとすると疲れがどっと出てきたんです。そして、久し振りに自宅に帰ろうということになって、私は練馬に、小島君は亀有に戻ったんです。しばらく休んでから書記局に顔を出そうということになって。後始末も含めて結局砂川には約1ヵ月いたですから、有給休暇じゃないですが、4～5日くらいは自宅で休んでも良いだろうと思ったんです。

しかし戻ってみたら「おまえ等はダラ幹だ」と非難されました。それこそ原則論です。彼ら（高野秀夫）の我々に対する批判は理論問題ではなく、規律問題なんですね。砂川では禁酒でしたが、終った後現地で酒飲んだりしましたから、風紀問題だというわけです。言われてみれば、事実だからしょうがないんですがね、砂川の親父さん達と飲んだりしましたから…。森田も酒を飲んで電車に乗れずに京都に遅れるし。それも規律問題だと。

さらに森田は京都に行った後熱を出しましたし、香山は海外から帰ってきたばかりで…。ですから、のちに森田派と呼ばれる僕らはみんなくたくたでした。

それで、それこそ、また日本が負けた時のような暗い気持ちになりました(笑)。一体我々は砂川で何のためにやってたんだという…。その時は心底疲れていて「なにくそ」という気持ちも起きませんでした。

その後、みんなが森田に呼ばれて「高野らの動きがおかしい」と知らされ、「じゃあ、やろうか」という話になったんです。それでまた元気が出てきた(笑)。その後は森田が一番詳しい情報を持っていたので、それに基づいてやっていきました。そして反撃に入るわけです。気が合うというか、立場の近い松田君(武彦、教育大、中央執行委員)や増田君(一也、教育大、中央執行委員)と連携して。

小島の話にも出てきますが、私が呼んだのか、森田が手配したのか、とにかく手分けしてオルグしました。私の記憶ではまず、細胞会議をやったんです。細胞会議は森田がキャップでしたから、彼が進行役で。そして、高野批判や牧批判を私と小島がやりました。その上で書記局会議をやって、中央執行委員会に持っていき、最後は全学連の第10回全国大会です。

——根回しして高野さんや牧さんを浮かせたんですね。原則論から言えば彼らにも批判されるべきものもあったでしょうから。

❖こちらも「砂川の意義を考えよ」という言い方をして、「そっちはその間何をしてたんだ」と言ったんです。早稲田はこなかったじゃないかと。高野は早稲田の一文ですから、「政経は来てたけど、一文は来てなかった」などと、それこそケチをつけて(笑)。国際的な平和擁護の動きや原水爆禁止運動などと結びつけて理論づけしていったのは森田や香山でした。私と小島君は実践派ですから。あ、小島の悪口言っちゃった(笑)。

――そして、57年の第10回大会で書記長になられたわけですね。

❖そういう流れの中で、10回大会で決着をつけようということで人事も我々が指導し、引き続き委員長に香山がなり、副委員長には牧衷を外して小島、私は都学連からの推薦という形で書記長になったのです。

――森田派が全権を握った当時の方針は何ですか。

❖活動家それぞれにマルクス主義や共産主義への思い込みは少なからずあったにせよ、砂川闘争や原水爆運動もそうですが、「平和運動」という意識が先にありました。ですから、「大衆運動としての全学連」というものには、そういう思想的支柱があったと思います。だからこそ大衆に支持されたと。単に革命性のためということで焦点を絞ってしまうと、「革命近し」ということになってしまいます。我々はむしろ学生運動は大衆運動という立場でやっていました。一人一人が大衆としての学生とでも言いますか…。「学生層」というか、そう言う意味では当時のマルクス主義の階層という分類に影響されていたのでしょうかね。

授業料値上げが再興の突破口になって…、それと原水爆禁止世界大会ですね。その世界大会は56年が第3回でした。イギリスのクリスマス島での核実験が確か57年5月だったと思います。全学連はどこかの国が核実験をやると、おっとり刀のように大使館に行って抗議をしていました。そうすると新聞が書いてくれて宣伝になるという…。これは狭い意味では戦術ですが、やはり戦後の平和運動という流れの中でやっていました。ですから、森田派というのはそこに一番の意義があると、私個人として思っています。

――では、60年安保は大衆運動からかけ離れてしまったとお考えですか。

❖安保の時の方が、大衆運動の規模から言えばむしろ大きくなっていますよね。11月27日に国会に突入した時は、私も近くまで行っていました。ちょっと入ったんですね、入るのは自由ですから（笑）一個人として。それから、樺さんが亡くなった6・15の時も教職員組合は首相官邸の近くにありましたから、ニュースはすぐに入って行きました。銀座通りや駿河台の通り等、都心部では大通りいっぱいを埋め尽くすフランスデモがありましたから。

フランスデモというのはジグザグデモと違って、道いっぱいに広がるものです。ですから交通も止まってしまいます。安保闘争の時はこのフランスデモが一般的になっていました。あの時は評論家も騒ぎましたが、戦争責任のある岸さんが総理になることに対して、彼の政策や政治信念を別として抵抗を感じる世論があり、加えて反米感情によって一気に運動が広がりました。この時は共産党は一歩下がったところで見ていましたし、他の労働組合も思惑があって下がっていました。それで、学生達は自分らがやったという思いを強め、「革命近し」というものに結びつけて行ったんです。大衆的な広がりを共産主義への支持であると錯覚したんですね。もちろんこれは、我々も後で心したことではありますが、我々の運動は途中で挫折してしまいますからね。

第3次砂川闘争（57年7月）

――さて、57年7月から砂川闘争が再び始まりますが、それについてお訊きしたいと思います。

❖地元としては55年が第1次、56年が第2次としてやっていますから、57年は第3次砂川闘争ということになるんですね。全学連としては56年の第2次から参加していまして、10月の激突があって測量中止になり、勝ちました。翌年は政府側が全部の計画を引っ込めたのではなく、滑走路の正面から五日市街道まではやはり拡張することで決着したのだと思います。

57年は前回と違って、政府は測量を基地の中からやるということになり、機動隊が基地の柵のところまで来て、柵付近での闘いになりました。ただ、正直なところ学生の動員は前回に比べ危機感の薄れからか、思うように行きませんでした。各自治会からの動員はしっかりしていましたが。

――反対派が立川基地の中に入ったら米軍は黙っていないのではないですか。

❖米軍は姿を見せませんでした。

――第3次砂川闘争についての戦略は?

❖どういう風にやるかという計画を事前に練りました。1年前の現地闘争指導を踏襲して小島と私が指導しました。泊まりこみのやり方ももう慣れていましたし。その時も宮崎さんのお宅に泊まったのだと思います。ただ、前年と違って警官隊は五日市街道から来るのではなく基地の中からでした。夜暗くなると、侵入作戦ということで黒い服を着て柵の下の所を掘りました。出来上がるのに2晩かかったと思います。

それからこれは森田が考えた作戦ですが、農家の肥溜めを持ってきて、土と混ぜておにぎりみたいに作りました。それを畑と柵の間に植えてあったお茶の木の下に隠しておきました。

――それは警官隊に投げるために?

❖そうです。「決死隊」と称して（笑）。その前に共産党が火炎瓶闘争をやっていましたが、我々はそういう過激なことはやりません。

これは森田のアイデアです。何十年も前のことですからもう言っても軽犯罪法にはならないと思いますが(笑)。ところで西部邁が本の中で森田を評して「善良なる策略家」と言っていますが、的を得ている表現だなと思います。(2)

このようにその前年の砂川闘争と比べるとちょっと違ったんですよね。

——慣れたということですか。

❖それもありますし、こんなことをいうのもなんですが、警察のほうもそんなにガリガリとやっていたわけではなくて。当日は、中から機動隊が滑走路の幅百メートルくらいを埋めていて、我々は外側から基地に向かって行きました。

基地の中から測量をやろうするのを我々が止めるんです。こちらは畑に座り込み、さっき言った肥溜めのボールを投げました。顔を見られないように後向きになって…。投げる役も事前に決めてありました。野球がうまい奴とかね。後向きに投げるものですから、なかなか飛ばなくて、うっかりすると味方に当たってしまったり(笑)。どれくらい効果があったかは分かりませんが、警察だってヘルメットに当たってビシャっとなったら嫌ですからね。そんなことをやりながら、基地の中に入っていきました。警官隊も柵のところまで来ているとはいっても30メートルくらいは間がありましたから。中に入ると機動隊の責任者と全学連指導部との話し合いです。

——両者の話し合いとは何だったのでしょうか？

❖学生側としては、反対の意思表示はしましたし、デモの目的をある程度達したので、警察側と交渉して機動隊と学生の両者が同時に引き上げるということにしました。

そして夕方になって反対派が引き上げることになりました。現場ではそれで終わりです。しかし指揮していた者が写真を撮られて、後で指名手配されて逮捕されたんでしょうね。

——小野寺さんと土屋源太郎さんを含む25人が検挙されました。

❖労働組合からも10人くらい検挙されたのかな。私のうちに警察が来たのは連休の初日で、9月のお彼岸だったと思います。

——記録では9月22日（日）です。

❖それには逸話がありましてね。前の晩に金助町の全学連事務所で書記局会議を開いて、夜遅くまで11月1日に原水爆禁止の国際的な運動を起こすための動員計画を立てていたんです。10時か11時頃まででやっていたと思います。翌日から連休だけど警察の動きが活発化するから、注意しろという情報は入っていました。「小島は一番派手にやっていたから気をつけろよ」なんてみんなで言っていたんです。「家宅捜査をやられると資料も取られるから、変なものが出ないように移しておけよ」と…。私は大丈夫だと思ってたっぷり書類を自宅に持って帰っていたんです。そしたら次の日の朝は、小島の家には行かないで、うちに来たんです。それで書類全部持って行かれちゃったんですよ。朝に警察が来た時にはもう新聞記者が一緒について来ていまして、たぶん毎日新聞だったかな、「小野寺書記長逮捕」という記事がもう刷り上っているんです。手回しが良いよね（笑）。

——その日の新聞ですか？

❖そう。知らないのは本人だけ。[3]

――桜台のご実家ですか。

❖そうです。2階が私の部屋になっていました。

――ご両親、驚かれたんじゃないですか。

❖まあ、慣れてたからね(笑)。しょっちゅうデモに行っていましたし…。その時は一度に多く検挙されましたから分散留置でした。

――何日間入れられたのですか。

❖確か警察に3日、検察が10日くらい。写真を見せられて「これはおまえだろ」と訊かれましたが、「よく似てますね…」なんて(笑)。向こうもこっちがしらばっくれるのは承知の上だったと思いますけど。同罪の容疑者は一緒の部屋に入れられないものですから、留置所の同じ部屋には、おでん屋の屋台のおやじで、長靴を盗んだとかいうコソ泥にもならないようなのと…、原本不実記載で捕まった、要するに詐欺のおやじ、それからヤクザで「俺は幹部だ」なんて言っていましたが、たぶんあれは下っ端でしょう、そういう人たちがいました。

――何人ですか。

❖6人です。入っていくと、「おまえは何やったんだ」と訊かれますから、「学生のデモで、原水爆反対と砂川基地拡張に反対して…」と話したら、「偉いな」とやたらと尊敬されましたね。釈放された時は処分保留でした。

全学連第11回大会と「6・1事件」

――留置所から出られると、すぐに9月の勤評闘争になります。これについてはどのように関わりましたか。

❖これは日教組との共同闘争で、学生の運動というよりは日教組の支援という形でした。学芸学部や教育学部など、将来教師になる学生の多い自治会が主にやっていました。地方の国立大学が多いかったですね。例えば群馬大学教育学部と群馬県教組との共闘など。オルグもそう言うところを重点的にやりました。私は福島県に行って福島県教組の書記長と連絡をとって情報交換したりしていました。

奈良女子大にも行きました。女子大へのオルグは余りありませんでしたが、学校に行くと、大きく「小野寺書記長来学」と書いた立て看板が立ててあったんです（笑）。その時は教室で演説して帰りました。後はだいたい書記局の留守番役をしていました。誰がどの県に行くかということの管理ですね。

一番問題だったのは和歌山県ですから、そこには中村光男や古賀康正が行っていたと思います。勤評闘争では塩川（喜信）と土屋などの都学連の学生が一生懸命やっていました。小島や私は県教組との情報交換などをやっていたわけですけど、塩川らは現地に行ってやっていました。特に和歌山と高知は過激だったという印象を持っていますね。彼らと全学連書記局とは運動のやり方が微妙なところでずれていたような気がします。

――翌年の臨時大会等で塩川さんらと内部対立が起こりますが…。その対立の種が出始めていたのは勤評闘争の辺りからということでしょうか。

❖後になって考えてみるとね。あの辺りからあらわれていたのだと思います。ちょうど革共同がひそかに結成されていたのはその頃（57年12月）のようですし。我々は全学連の書記局として全体をコントロールしていると思っていたのですが、そうでない動きがあったわけです。我々が消極的だったわけではなく、勤評の場合は現地毎にバラバラになるじゃないですか。砂川だったら一箇所ですから状況は掌握できますけどね。九州で起こり、別のところで起こりますから、各々の動きを把握しづらかったのです。それから、手勢を連れて行くわけじゃなく現地の自治会や労働組合との連携になりますから、本部では情報も余り入りませんしね。

――その前の58年5月の第11回全国大会では全学連内部で高野派と再び考え方の違いが顕在化するわけですけれども、その経緯というのは。

❖砂川のところで早稲田大学の高野秀夫君と袂を分かちましたが、彼は弁も立つし筆も立つから、その後イタリアのトリアッチの構造改革路線をとって、全部ではないにしても早稲田の共産党細胞に対して隠然たる影響力を持っていました。全学連としては大衆組織としての立場がありますから、反対派がいるという理由で早稲田を入れないということは出来ませんので、早稲田の代表として出てきた学生は受け入れました。

それで高野のラインで来ていた野口が中心となって第11回大会の時に全学連執行部の批判をしたんですね。大会は荻窪の杉並公会堂でやりましたが、構造改革という思想をバックに持った反対派がかなり暴れて混乱させようとしました。砂川闘争の二番煎じではありませんが、彼らは「香山、小島、小野寺、森田は理念よりも戦術ばかりで学生を巻き込んでいるから、大衆運動としては邪道だ」というようなことを言ったんです。その時は壇上でもみ合いになりましたね。そういう大会の舞台裏の折衝は森田とか島がやっていました。私は当日に配るガリ版刷りが間に合うかどうかという心配ばかりしていました（笑）。

――全学連の第11回全国大会は結果的に高野派を追放し、執行部は再選という形になります。しかし、その翌日いわゆる「六・一事件」になりますが、その時、党中央から小野寺さんは党員権全面制限一ヵ年という処分を受けてしまいます。

❖そうです。高野派の動きは、結局、当時の党中央の学対（学生対策部）が糸を引いているものと我々は見ていました。ですから、大会が終わってすぐのその場でこちらも文句言ってやろうと思いました。我々が責任持ってやっている全学連という大衆組織が、党中央の手先によってめちゃくちゃにされた、という思いはありましたし。そういう経緯で「六・一事件」は起きたのです。

どうも起こった現象だけが強烈に残っていて、詳しいいきさつは忘れてしまいましたが、議場混乱が一応収拾した後では、議長を学生の方から出すということになって、私と土屋の二人が議長になって司会進行をしました。我々が議長として中央に座って、議長席の右側に紺野与次郎や鈴木市蔵、飯島らがいました。学生対策部と青年対策部、それを管轄する上司です(4)。

――津島薫さんという人もいた筈ですが。

❖津島というのは飯島のペンネームです。飯島さんというのは教育大出身なんですが、早稲田の高野君たちと教育大とは一緒の反対派グループでしたので、そんな出身大学への反発もありました。この会議は共産党中央が招集したものですから彼等が方針を説明し始めました。役人が決めたことを大臣が読み上げるのと一緒で、我々は前もって内容が分かっていますから、紺野与次郎が読み始めると学生達はどんどん野次っていました。しかし、向こうも何年も共産党でやっていますからそのくらいではひるまないもので、ますますいきり立っていきました。議長役が学生側に移った時に、何かのきっかけで、どちらが手を出したか、暴力になったんですね。たぶん学生の方からだと思います。そして紺野与次郎の周りに駆け寄って行きました。そうすると、紺野は偉い人ですから、周りが守ろうとするんです。しかし、日ごろの恨みもあって、議長の私も最初は「静かに」なんて言っていましたが、一緒に蹴飛ばしてみたりね(笑)。

手を上げると判ってしまうから、下のほうから。主に殴られたのは飯島さんだと思いますよ。紺野は偉い人ですが、やっぱり日頃距離が近いほど殴りたくなるというか(笑)。飯島さんは眼鏡をしていて、それが吹っ飛んだりしていました。こうなったら学生大会と変わらないということで、「中央委員全員の罷免要求」決議をしました。

——58年7月の「アカハタ」に、被処分者の名前が出ていて、除名が香山さん、森田さん、野矢鉄夫さんの三人でした。それから党員権全面制限一年が小野寺さん、土屋さん、小島さん、松田さん達です。党員権全面制限6ヶ月が千葉一夫さん、星宮煥生さん、灰谷慶三さんらですね。

❖私も一人ずつは覚えてないですけどね。処分の前に呼び出しがかかって事情聴取をされました。査問委員会で、警察の取調室のような感じのところです。その時は、そうなるという覚悟がありました。

全学連執行部と共産党中央とはもう別にやるしかないという考えもありましたし。

ですが、香山、森田は全学連の中心で動いていましたから除名されるのは分かりますけど、「なんで野矢が？」という感じがありました。あいつは粗暴なだけで(笑)。粗暴って言ったら悪いですけど。要するに、野矢を一緒に処分することで、香山、森田を貶めているわけですよ。野矢君は元国際派なんです。国際派でどの程度やっていたか分かりませんが、言動は乱暴な感じでした。しかし全学連ではそんなにやっていたわけじゃないし、「6・1」の時もそんなに目立ったことはやっていないと思います。香山や森田が除名になったことより、「なんで野矢なんだ」と話していました。その時、森田たちと話していたことは、そういう風に差をつけて、学生側に疑心暗鬼を起こさせようとしたんじゃないかと。

それから、こっちも若いですから、「自分はなぜ除名ではないんだ、大物の一人に入れてくれなかった」と思いました(笑)。これは冗談。

——党員を辞めたのはその後のことですか。

❖いいえ、もう辞めるも何もそれっきりです。こっちももう用がありませんし、向こうも別に何もありませんから。

——処分を受けた人は離党されたのと同じですね。

58年9月の第12回臨時大会が開催されましたがご記憶はありますか。

❖あまり覚えていません。この間の3ヶ月間は、運動から言うと勤評闘争、警職法をやっていたと思います。政治課題としては警職法の方が差し迫っていましたものですから、警職法の国会審議と併せて勤評闘争も緊急であるということで、12回臨時大会は運動のためということで開かれたのだと思います。

――人事についてはどうでしょう。例えば、島さんは朝日ジャーナル（71年1月29日号）のインタビューに答えて次のように述懐しています。曰く、

「もう少し内幕をいうと、11大会以後、われわれの内部で、新組織についての意見の相違と関連して、運動の指導をめぐっても、激しい論争が進んでいた。東大、関西、都学連などを中心、当時の学連幹部―香山委員長、小野寺書記長らの指導ではもうだめだと激しいつきあげがあった。事実、だいぶ長い間幹部でいたため、官僚化していたこともある。また流動状況だから、若いエネルギーの方が先へ進む。12大会前に、この問題が爆発寸前までいたる。一方、代々木との闘争もあるし、これではまずいと調整に乗りだし、ぼくも都委員をやめて学連書記局にはいる。規約改正をして、書記次長というポストをつくり、土屋をいれる。大会の総括・方針も、ぼくが直接報告して、まとめる―ということでやっと、勤評闘争に全力をあげて突入することになった…」

❖どうしても思い出せません。人事などは裏で行われていたのでしょうね。

――分かりました。それでは警職法についてお願いします。警職法の改正案が国会に提出されたのは10月ですね。(5)

❖新学期は10月でしたから、ちょうど学生も出てきますから、そこにかけて動員しました。その時は人権保護を訴えていましたね。

――10月28日、四谷外堀公園で開かれた「総決起集会には2万人以上の学生が集まり、労働者を加

えた約4万5千人が豪雨の中デモ行進を行った」とあります。11月5日には全国ゼネストに発展して、全学連4千人が国会前に座り込み、また一万余以上の学生、労働者が国会を包囲したと記録されています。

❖細かいことは忘れましたが、森田派は、警職法と勤評闘争を一所懸命やっていて、いわば砂川ラインということでやっていました[6]。学生動員のために自治会に働きかけたりしていました。10月から11月までの間です。そして警職法は11月22日に国会で審議未了ということになって、実質上廃案に持ち込みました。

これは、目に見える勝利として、「第二の砂川」でした。学生だけじゃなく大勢の人も参加してくれましたし。テーマは安保などに比べれば小さいかもしれませんが、ひとつの大きな勝利と感じていました。

——戦略的にはどういう…。

❖国会向けですから、砂川のようにはやっていません。事前に日にちを総評などと調整して、その日に向けて学生の動員を図ったりしました。少数でもデモを打てば夕刊の片隅くらいには出ますから、そういう風にPRをしたり。そうしているうちに、学生の逮捕者が出ますから、警察庁の前に行って座り込みます。当時、警視庁の前に座り込んだのは全学連くらいじゃないかな。そうすると、そこでまた逮捕者が出て新聞に載るという。新聞に載るためにやっていたわけではありませんがね[7]。

その後、私も指揮をしたということで逮捕されました。その時のことはよく覚えています。その前日に確か台風がありまして、書記局で夜遅くまで仕事をして帰ろうとしたら、もう電車は止まってしまいましたから、雨の中池袋から練馬まで歩いて帰りました。それで風邪を引いたらしく、寝込んでしまって、ちょうどそこに警視庁が逮捕に来ました。向こうも仮病か何かと最初は思ったのでしょうが、本当に私が風邪を引いていると分かって、一晩だけ留置所に入れられましたが翌日帰されたんです。公安条例違反か何かの違反ですから、一日でも捕まえたということになれば、それで良いんですよ。それに風邪をこじらせて問題が起こったら厄介だとでも思ったんでしょうね。しかし私としては、やっと少し休めるのに、と思いました（笑）。出されたら書記局に顔出さなければなりませんから。

全学連第13回大会

❖全学連第13回全国大会はその直後です。私はちょっと意見の食い違いくらいに思っていましたが、かなりはっきりした形で対立が出てきたわけです。しかし、私は病み上がりでしたし、もうやることはやったと言う気でいました。

——警職法闘争は成功して、11月22日に審議未了が確定したわけですから、13回大会まで1ヶ月未満ですよね。流れとしては森田派が継続して指導するとなってもおかしくない状況です。

❖反対派が知らないところで強くなってきていたんですね。反対派とすれば、警職法でまた森田達に手柄を取られたということになって、余計に危機感を持ったと言うことは考えられます。

先ほど申し上げましたが、58年の第11回大会で、高野・牧と衝突したわけですが、我々全学連書記局グループとその連合軍で乗り切ったわけです。その時、我々は主流派だと思っていたんですが、実はもうすでにその中に別の流れが出来ていたということですね。それがこの半年間に表面化して、第13回大会で香山と私が退くということになります。しかし、その前から「どうもおかしいな」という感じはしていたんです。これは指導していた本人が言うのは語弊があるかもしれませんが、共産党指導部が言うようなことは少なくとも学生運動を進めて行く上ではおかしいと感じていました。それより我々としては大衆運動を盛り上げていくんだ、ということに徹底しているつもりでした。個人の思想・信条はあるにせよね。

ところが反主流派の人たちにとってはそうではなかった…。彼らはそれなりにみんなまじめなんですよ。理論派ですから、マルクス主義などに対しては少なくとも私よりもずっと勉強し精通していました。ただそれと大衆運動とは違いますからね。我々にしてみると、彼等は書斎派っていうか理論派っていうか…。その言う通りにやっていたら学生運動はできやしないし、学生の自己満足に終わってしまいます。「こうあらねばならん」なんて言ってもそれが周りに伝わらなければしょうがないですし…、新聞に記事が載ったり、多くの大衆の参加がなければ意味ないですから。我々はそういう批判を持っていました。

それで我々としては「全学連の決定の中で動いてもらいたい」と言うしかなかったです。もちろん共産主義の議論はしますが、正直、いちいち取り合っていられませんでした。別に排除する気はないですけどね。ですから、学生運動を嫌になったとか、うまくいかないからということとは別に、若い人達がやるならやらせようじゃないか、ということになったのです。若い連中といっても2、3歳の差ですがね。

――いわゆる「六全協組」と「56年組」以降の違いですね。
58年12月13〜14日が第13回大会ですが、ここで委員長の香山さん、書記長の小野寺さんが退きます。そして都学連の塩川さんが委員長、土屋さんが書記長になります。この大会ではどのように揉めたんですか。

❖場所は確か浅草公会堂だったと思いますが、大会としてやる以上は形式的と言う部分があります。開会式があって、活動報告があって…というふうに。私も演壇の上でやりました。森田と島は舞台裏でいろいろやる方でした。この時はその前と違って島も森田と完全に一致していた訳ではありませんけど。

――この前々日（58年12月10日）辺りにブントが結成されています。

❖森田がその時点でどの程度関わっていたかは分かりませんがね…。
とにかく慌しい時間のなかで13回大会が進行していきました。私がその大会で一番記憶に残っているのは、人事を決める最終日の休憩時間まで最終結論が固まってなかったことです。全学連執行部のグループ会議と言う形で、楽屋裏でやっていました。その時は星宮や塩川、土屋も出ていました。

――その時、選挙では東大の伊藤嘉六さんに一旦決まったとか(8)。

❖僕らとしては、考えも近くて一緒にやれるのは伊藤嘉六だと思ったんです。人も良くて…。そして会議の場では森田か香山が嘉六を推したんです。反対派もその時はノーとは言えないんですよ。彼等はまさか嘉六が出てくるとは思わなかったから。小島あたりを推してくると思ったのでしょう。全く予想もしてない若手が突然出てきた(笑)。そして決まりかけた時に、星宮が強引な発言をしたように思います。そのうちに、ブントや革共同のリーダー格の連中が、これはやばいということになったのでしょう。そして最終的に塩川君ということになりました。

——革共同ラインですね。

❖ええ。そして、私と香山が抜けて、森田と小島が残ることは前から決めていましたから、そのまま演壇で発表ということになりました。まあ、結果的には昭和7年組が残って8年組が引くと…。

香山の結核が発病したから退いたということではありません。そのことを隠していたということも…。彼が大学に入る前、結核で1年遅れたのはみんな知っていましたし。胸が悪いなんていうのは、政治的病気には使えることですから、その意味で、森田は香山に名誉を持たせつつ退かせるということだったのでしょう。私はそう思うんです。私も、何が何でも卒業したいから手を引かせてくれということではなく、「そろそろ引くか」ということで。

私としてはそれで御役御免という気持ちでした。もちろん、それで全く関係がなくなったというのではなくて、森田や小島に言われたことがあればやりましたから。その後はむしろ、大衆運動として、「社青労同」という組織を立ち上げて、森田、小島、私、それから労働者組合の若手の高橋がやりました。事務所は新宿に借りて。しかし、資金はありませんでした。

——第13回大会の後は、大学に戻られたんですか。

❖はい。

——その後は全学連の書記局との関係はなくなったんですか。

❖はい。それ以降は一切なくなりました。

――自治会の方は。

❖自治会はメンバーですが、役員はやっていません。

――仮定の話をさせて頂きますが、もし仮に第13回大会でそのまま森田派が主導権を取っていたら、60年安保も違ったと思いますか。

❖いや、それはそもそも無理だったと思います。香山も私も残り、という形は。ブンドだろうが革共同であろうが、そういうメンバーが中心になってきましたから。

私がなぜ戦後体験や原水爆禁止運動などの平和運動、大衆運動しての学生運動ということを話したかって言うと、年が4、5歳違うだけでその辺の認識が随分違うからです。ある意味、やむを得ないことだったのではないかと思っています。

我々が抵抗して全学連指導部に残ったところでひどい目にあわされていたでしょうし。学生運動そのものは派手なことをやるんだけど、世論の支持は獲得していかなくちゃならない、という発想そのものができないメンバーになってしまったんです。学生の中だけでなく、左翼全体がそうだったんじゃないでしょうか。ですから、「もし」ということは成り立たないと思います。今振り返ってそう思いますね。

全学連書記長の仕事

――さて、全学連書記長の任務について包括的にお訊きしたいと思います。組織的には委員長、副委員長があって、書記局に書記長がいるわけなんですけれども、具体的にはどんな役割があったのでしょうか。

❖社会人になってから、会社の組織というものを経験して分かったという面もあるのですが、要するに全学連は共産党の組織や労働組合を見様見真似でなぞるという感じでした。全学連と言うのは自治会加盟ですから、例えば東大文学部自治会が加盟すれば、学生が文学部に籍を置いていると自動的に全学連に加盟するんです。それで自治会の大きさによってその自治会から役員を出せるかどうかが決まるんです。その前に都道府県の連合会がありますから、都道府県の加盟人数によって中央委員の人数が決まります。中央委員は、いわば江戸時代の城主のようなもので、年に何回か大会があると東京に出てきます。そして中央委員の中から中央執行委員を決めます。中央執行委員会は年に6回ありました。実際には力の強い自治会から選出される傾向があります。

日常的な全学連の業務を行うのが書記局です。この組織のあり方もソ連や中国の共産党式ですね。委員長、副委員長も書記局の構成メンバーになります。事務を束ねるのが書記長ということです。ただ実際には「おまえやったらどうか」と言われて「おう、そうか」と言って引き受けたものですから、理路整然とこんなことをやるのだと意識していたわけではありません。

書記長と言うのは実際の活動に対して影響力が強いんですね。例えば、委員長は日本全学連代表として国際学連に行ったりしますが、書記長は会議の招集や自治会から集まってくるお金の管理等の仕事をします。人によっては全学連全体をコントロールすることが出来るわけですよ。スターリンも書記長でしたし、フルシチョフも第一書記でした。委員長は最高責任者という形式的なものですからね、もちろん極端な例ですが。労働組合も委員長がいて、書記長がいますから。政党でも総裁がいますが、やはり幹事長がお金を管理したり、党の決定をする際の根回しを日常業務としています。

——お金を管理されていたと言うことでしたが、ここに57年度の収入と支出の表があります（章末表、参照）。小野寺さんが書記長をされていた当時のものです。これについて教えて頂きたいと思います。

収入の方から見てみたいのですが、加盟費が2百万とありますが？

❖これは加盟自治会から規約に基づいて徴収したお金です。

——それは学生が自治会費として出しているものですか？

❖そうです。サラリーマンの場合の源泉徴収ってありますよね。あれは税金ですが、組合費は会社の方が給料から天引きして組合に渡します。当時は大学が自治会費を授業料に上乗せして、大学が集めて自治会費として持ってきます。「全学連はけしからん」と言っていた大学からも、回り回ってお金は来ました。資金面で見るとそういう仕掛けになっています。

自治会費を払わないところが出てきますね。通常では滞納と言うことになるんでしょうか。ですからここに計上してある加盟費の金額は、これだけ入る予定というお金じゃなくて、実際に入ってきた額です。建前上は加盟している大学数からすれば、もっと入るわけなんですが、法的な拘束はありませんから。入ってきたお金でやるしかありませんでした。

——そのお金は銀行に預けたんですか、それともキャッシュですか？

❖そうですね…現金が多かったんじゃないかと思います。

——それはどこにしまっておいたんでしょうね。

❖金庫はないんですよ（笑）。金庫を買うお金もないしね。

——しかし、当時のお金で2百万はたいへんな金額ではありませんか？

❖私の60年当時の教員としての初任給は1万2千8百円でした。2百万を月に換算すると20万弱ですから、そう考えると20人分にも満たないわけでしょう。それで全国の運動ですからね。そのお金が出たり入ったりしていますから、実際に2百万のお金を一度に見ることはありませんでした。金庫がないとは言いましたが、手下げ金庫はありました。金助町の事務局では、左隣に若い夫婦が床屋さんをやっていて、我々も髪を切ってもらったりして顔なじみだったものですから、そこにお金を預かって貰いました。これはどんな公式文書にも載ってないですよ（笑）。

砂川でカンパが集まったと言いましたが、その時はお札より小銭が多いんですよ。だからとても重いんです。大変でした。それを夜に持って行って「すみませんが今夜預かってください」と言って預かってもらったんです。

当時は、全学連事務局では事務員を一人雇っていました。夜間高校に通っている女性だったと思います。途中で人が代わって、私が書記長をやっている時にずっと一緒だったのは、前田さんという女性で、法政の夜間の学生だったと思います。私も砂川とか現地でのオルグとかいって東京から離れることがありましたから、事務的な仕事は彼女がやってくれました。

——支出の方を教えて下さい。印刷費（30万円）、発送通信費（24万円）、活動費（20万円）が多額です。

❖印刷費が多いのは、例えば大会の報告書が数千部必要でしたから。それから、大会の案内もガリ版印刷で出します。また中央委員会の通知と報告も多くの印刷費がかかります。ガリ版刷りは社長と社員二人くらいの零細企業に頼みましたが、招集日が迫ると「今晩中に仕上げてくれ」なんて無理言いました。決定事項がぎりぎりまで分からないので大変でした。それを印刷屋にお願いするのが私の役目でした。それからお金がなくて印刷費を払えない時は、卒業して給料貰っている奴らに貸してもらったりしました。

——借入金が50万強とありますが、これはどういうところから借りたんですか。

❖これは労組とか、個人ルートとかのものですが、森田君はいろいろなところで有名人にも会っていますから、その人たちから借りたものです。貸し倒れすることはなかったと思います。書記長としてお金の苦労がとにかく一番たいへんでした。それが書記長の大事な仕事です。ですから、「森田達は全学連の金を自分等の飲み食いにした」という中傷非難には余計に腹が立ちました。私が辞めた後は、小島君も言っていますが、田中清玄が出てきますね。しかし我々の時はそういう個人的なパトロンはいなかったですね。

——この頃の逮捕者に対する保釈金はどう調達したのですか。

❖60年安保闘争ほどではないにしても、その時も逮捕者はたくさん出ましたからね。当時は全学連じゃなくて、各自治会が面倒を見ていました。私や小島のように、執行部の仕事をずっとやっていると自治会との関係が薄れますから、私が捕まっても東大文学部の自治会は出してくれませんでした。ですから書記局に常駐していた人は自分でお金を持ってくるしかなかったんです。

——お金の件で言いますと、星宮さんが対談で、当時の風評としてこう述べています。曰く「あれはだらしがないとかどやとか、女ぐせがどやとか、鬼塚の言うことは決まっているんだよ。森田と小野寺と金山らが新宿のキャバレーに行ったとか、行くたんびにそれを聞かされるとね、これはもうだめだと思ったね。」と[9]…。

❖人の記憶には面白可笑しく残りますからね。ちゃんと弁明させて頂きます。その一件はこうです。

時期はですね、たぶん57年の暮れじゃないかと思います。学校も正月前の冬休みで、書記局も学生運動も暇になっていた頃でした。中央執行委員会だったか、なにかの会合が終わった後、ほっとしたという感じが全員にあって、たまには飲みに行こうかという話が誰からともなく出ました。新宿に行こうかということになったんでしょう、私の記憶だと7、8人だったと思います。メンバーには香山も森田も小島も、それから島もいました。

——島さんも?

❖それから、あと2、3人いたと思います。松田君だったか…。行く時は会合も終わっていますから、プライベートで行こうということです。しかし、「誰が金を持ってるんだ」という話になって、そしたら小島が「俺は、今日は懐が暖ったかいから任せとけ」って言うんですよ。それでみんな気を大きくして、行きました。新宿駅を降りて、歌舞伎町の手前の通りにあったキャバレーに入ろうということになったんです。正直言って私も、バーや何かで飲むことはありましたけど、キャバレーという、きれいなお姉ちゃんがいる所に入ったのは初めてでした。みんな、知ったような顔をしていましたがね（笑）みんな初めてだったと思いますよ。こっちも7、8人いますから、ホステスさんも5、6人付きました。我々もまだ若いから飲んだし、確か閉店間際までいたと思います。そしていざ金を払うという段になって…。

いくら当時でも、7、8人で飲みましたから、支払いは1万円前後したと思いますよ。それでね、小島にいくら持っているかって訊いたら、たったの3千円(笑)。

小島にすれば、当時3千円なんて持ったこともない大金だったから、「任せとけ」なんて言っちゃったんだと思います(笑)。それで今だったら袋叩きにされて、身ぐるみはがされて追い出されるんでしょうけど、その時はボーイさんが出てきて「困ります」なんて言われました。

みんなで有り金出しあったって全部で4千円にもならないんですよ。それで金を貸してくれる先輩はいないかと思いましたが、一緒に活動している総評の人には頼めないですからね。それで困ったんですが、原水協という団体があって、その事務局の横山さんという早稲田出身の人がいました。彼は全学連に対して好意的でしたし、落合に住んでいることを知っていたので、新宿の近くに住んでいて気安く頼めるのは彼しかいないということになって、森田だったかな、電話して「こういう訳で、みんな帰れないので、お金を貸して下さい」とお願いしました。ホステスさんも2、3人見張りで残っていて、今まで愛想がよかったのにその時は怖い顔されて(笑)。そのうち横山さんがタクシーで乗りつけてくれました。小一時間かかったと思います。

これがその時の真実です。あの時もし警察が来ていたら、いっぺんに警視庁ですよ(笑)。

——喜んで飛んできますよね(笑)。

❖まあ、そんなふうに笑い話になってるんですけれども…。ですから、酒もたまには飲んだりしましたが、それはプライベートなことですからね。人によっては親のお金だったり、バイトでお金稼いだり、あくまでも自己責任で…。

60年3月、大学を卒業して

――最後に、書記長をお辞めになった後のお話をお伺いしたいと思います。書記長から退かれて、60年の3月に卒業されて、法政二高に勤められてからも、安保に関わったことは先ほどお伺いしましたが。

❖個人的には書記長、中央執行委員の役職を辞めて、ほっとしたという感じでした。それまで全学連の中で一緒にやっていた香山、森田、小島とは、それこそ朝から晩まで一緒にやっていましたが、彼等と顔をあわせることがなくなっても、気持ち的なつながりはありました。

香山も大学に戻りました。彼は経済学部で、私は文学部でした。私は文学部中国文学で最も人数の少ないところでした。私はもう大学6年目でしたから、周りは後輩ばかりでしたね。安保というのは59年の後半からで私は役職からは離れていましたが、社会的問題としては関心を持って見ていました。59年の11・27では国会の中庭に私も入っていきました。

――大学に戻ったとは言いながら、参加しているんですね（笑）

❖当然のようにね(笑)。戦術の決定には関わっていませんけど。一学生として少し入っていっただけです。

そして主任教授、小野忍先生のお情けで60年3月にめでたく卒業しました。中国近世文学の専門の先生でした。卒業式に先生と撮った写真が残っているのですが、主任教授もやっと問題児が卒業したという感じで(笑)。中国文学科では学問的功績はありませんでしたが、先輩や後輩に名前だけは売れていました。

樺さんが亡くなった6月15日は、私立大学の教職員組合ということでデモに参加したことは申し上げました。首相官邸の横から上がって行く道がありますが、そこで隊を作っていたんです。学生は南通用門のところが主戦場でしたが、樺さんのことがあった直後、首相官邸にいた機動隊がワーッと押し出てきました。私のところは教職員が中心ですから、40代、50代のおじさんもいたりして、また教授も参加しているような隊ですから、機動隊がワーッときたらバラバラになってしまうんです。機動隊のほうはとにかく、一掃するのが目的だったようです。坂を下って逃げるしかない状態でした。そして、当時は首相官邸から下って左に石垣で低くなっているところがあるんです。そこに逃げるのが精一杯で、そこから飛び降りました。

起きあがると、すぐ特許庁向かいのところに集まりました。そのまま帰った者もいたようですが…。その日は歩いて自宅まで帰ったのですが、実は両足首を捻挫していて…。それで学校を長期休職しました(笑)。1ヶ月半くらい休みましたから、そのまますぐ夏休みになってしまいました。夏休み明けに学校に出ていったら、生徒が「先生、何やってたんですか」と訊くので、「新聞見ただろう」と言って(笑)。それが私の6・15です。私の60年安保です。

――共産主義に疑問を感じ、離れていかれたのはいつ頃でしょうか。

❖当時は、スターリンがおかしいと言うのは前から出ていた議論だったし、そのアンチテーゼとして出てきたフルシチョフも調子がいいだけで駄目だという感じでした。そして、トロツキズムにかなり興味を持っていきましたが、どうもピンと来ないというか、香山、森田を追い出したのがトロツキストだったということもありました。結局、我が道をやっていくしかないと。香山は独自に理論的に体系づけて行きましたし、森田、小島も実体験をもとに…。森田が『戦後左翼の秘密』を書いたのは80年ですね。

先ほど軍国少年が敗戦によって大転換を迫られ、「六全協」で2度目の転換と言いましたが、学生運動から退いたのも私にとって非常に大きな転換点でした。

それからもう一つの転換期は、高校教師を辞めた後、中国との貿易をやるようになったことがあります。中国貿易をやろうと思ったのは、大学で中国語をやっていたということもありますが、当時は中国と国交もありませんし、中国語をやる人は少数派でしたが、やるなら今しかないと思いました。結婚したばかりで30歳くらいでした。共産主義の中国という個人的興味もありました。2年経って、仕事にも慣れ、長期駐在をすることになりました。66年の4月の始めに香港経由で入り、広州交易会に一ヶ月参加して、5月の末に北京に行きました。当時はビザが都市単位でしたから、またビザを取り直しました。

この機会だということで観光も兼ねて途中上海に一泊しました。6月1日に北京に着いたのですが、希望のホテルになかなか入れなくて結局3日に入りました。その直後の6月4日に毛沢東の文化大革命が表面化したのです。歴史的出来事の現場に居合わせたのは運が良かったですね。中国のデモは日本の学生のデモに比べるとちゃちだな、なんて思いながら、滅多にない経験ということで写真をいっぱい撮りました。そのうちにだんだん文革が激しくなっていって、外国人はうかうか歩いているとスパイと間違えられるというようになっていきました。ですから、商売にならなかったです。

そんなことを見ているうちに、どうも中国共産党も表向きと違うということが分かって来ました。毛沢東もおかしいと実感していきました。そういう気持ちと相俟って、スターリンは駄目だけどレーニンは良いとか、レーニンは駄目だけどマルクスは良いという考えもおかしいのではないかと疑い始めました。しばらく香山や森田、小島には会いませんでしたが、たまに会うとやはり言葉の端々で「同じことを考えているな」という実感がありました。議論としてやっていたわけではなく、全学連でやっていた学生の人物評などを通じてね。

72年9月田中角栄が首相の時に中国と国交が回復しますよね。それまでは大手がいないから中小企業が代わりに中国と貿易をやっていたわけなんですが、その後は大手が入ってきますので、私も見切りをつけました。家内の父が建てた会社の後継ぎをという話になって、家内の姉も亡くなったので、現在の仕事を私が継ぐことになったわけです。

——長い間どうも有難うございました。

●全学連書記局予算表（1957年度）(10)

項目	金額（単位　円）
総収入	2、332、108
繰越	15、693

加盟費	2、033、000
事業収益	200、000
貸付金返入	80、415
雑収入	3、000
総支出	2、132、820
印刷費	300、000
調査資料費	40、000
発送通信費	240、000
活動費	200、000
事務費	60、000
事務所費	120、000
電話料	180、000
人件費	120、000
特別支出（他団体分担金）	120、000
（資料発行資金）	100、000
オルグ費	10、000
借金返済	542、820
雑支出	10、000

予借費　　　　　　　　199、288
収支合計　　　　　　　　　　　0

注

(1)　一九三三年1月17日東京生まれ。53年東京大学文科一類入学。55年第8回全学連全国大会で書記長に就任。56年第9回大会で全学連委員長に就任（58年12月の第13回大会まで）。60年3月経済学部卒。その後東京大学社会科学研究科修士課程、経済学研究科博士過程を終了し、65年4月、学習院大学法学部政治学科専任講師。68年68年同大学助教授。74年同大学教授。97年、逝去。享年64歳。香山氏の経歴については、『天籟を聞く――香山健一先生追悼集』（一九九八年追悼集編集委員会）及びCDROM『香山健一、マルチメディアライブラリー』に詳しい。

(2)　西部邁、一九八六年、『六〇年安保　センチメンタル・ジャーニー』文藝春秋社。

(3)　確かに9月22日の新聞には「冷たい表情の小野寺」（産経時事）や「日曜の寝込み襲う」（朝日新聞）等の記事が掲載されている。

(4)　三氏の当時の役職は次の通り。
紺野与次郎―常任幹部会員、鈴木市蔵――大衆運動部長、津島薫――大衆運動部員。

(5)　58年5月の第28回総選挙で岸信介の自民党が287議席を獲得し政権を安定させたことから、治安維持・安保改定作業に着手した。同年10月初め、警察官職務執行法改正案、所謂「警職法」改正案を国会に提案した。これに対し社会党、総評等の反政府勢力が「警職法改悪反対国民会議」を結成し反発した。

(6)　森田実自身は次のように述べている（朝日ジャーナル、71年1月29日号、103頁）。

警職法闘争は、一夜にして盛り上がったといってもよいだろう。58年の秋は、学生活動家の多くが代々木との闘争に忙しかったため、政府や議会の動きにあまり敏感でなかった。ぼくは警職法改悪を、どんなことがあってもつぶさねばならんとかなり深刻に考えていたが、内部対立も激しかったのでなかなか足並みがそろわなかった。全体として警職法への取り組みは遅れていた。

ちょうどそのころ、たしか10月末ごろだったと思うが、富岡などが中心になって、東京都の細胞代表者会議が開かれた。これは新しい党組織結成を準備するため、東京都のおもな学校細胞の幹部が集まった会議だ。ぼくも出かけて行ったが、それまで3年間ばかり、全学連書記局運営の中心にいたぼくも、そのころでは、「落ち目の三度笠」の状態だ。ようなく執行部へすわることはできたが、発言の順番なんてまわってきそうもない(笑い)。しようがないから、強引に発言をとった。ぼくはこのとき、ずいぶん長時間アジった。何を訴えたかおぼえていないが、アジ演説が終ったとき、みんなの顔つきが変わっていたのは、印象に残っている。要するに「警職法反対の死にものぐるいの闘いに、ただちに突入すべきだ」と訴えたのだが、これで党組織のために理論的な基礎づけをするはずの討議はふっとんでしまった。「今夜から全力でオルグをかけて、国鉄ストの支援とデモで、国会包囲闘争をおこなう」という闘争方針が決まって、この集会は盛り上がった。

(7) 森田も前述の朝日ジャーナルのインタビューで同様に述べている(103頁)。

とにかく、警職法の闘いはすさまじかったな。国会の周辺を完全に包囲して、自民党の代議士の乗った車が通れば追っかけまわすほどだった。警視庁に突入して、正面の階段をかけのぼって、上まで飛び込んだりした。デモ隊がザーっとひいたときには、先頭の全学連幹部5、6人がむこうに残されちゃった(笑い)というようなかなり熾烈な闘争をやる。警視庁にデモかけて、警官隊を押しまくったのはこの時だけですね。

(8) これは島成郎の次の言及に基づいている(『座談会、ブントの結成と関西の学生運動』、261頁)。

島 あれは今でも覚えているね。13回大会でも決まらなかった。中央執行委員会グループ会議、共産主義者同盟

（ブント）グループ会議第一回活動なんだよね。香山の後の委員長人事で混乱し、私も直接でたが収拾できずに投票できめることになり、第一回では伊藤嘉六が多数をとる。しかしこれではどうしても分裂が回避できないと思ったので、強引に再度投票を僕が要請して、塩川に漸くきまったというのが内幕。だから最近伊藤に会ったら「俺、一ぺん全学連委員長になったんだよね」といっていた。（笑）

佐野（茂樹） それは初めて聞いた。おれ、知らぬわ。

(9) 「座談会 ブントの結成と関西の学生運動」、島成郎監修、一九九九年。『戦後史の証言・ブント』批評社、270頁。

(10) 出典 一九五九年、日刊労働通信社編『全学連の実態』103頁。

※インタビューは二〇〇二年9月12日及び14日の2度にわたり行われた。記録は板垣麻衣子が担当した。

第三章

土屋源太郎氏の証言

【土屋源太郎氏の略歴】

- 1934年 8 月28日東京生まれ。53年軽井沢高校から、明治大学法学部入学。全学連第12回大会において全学連書記次長。第13回大会では書記長に就任。59年 6 月明治大学卒業後、日本経営能率研究所等にて勤務。
- 現在「タクトグラフィック」(株) 代表取締役社長。

一九四一年、小学校入学

——本日は東京から新幹線に乗りまして、静岡の土屋さんの会社にお邪魔しております。当時の全学連の様子を一番よく知っているのは土屋さんじゃないかと、小島さんから聞き及びましたので。

❖わざわざ遠くからお出で下さってありがとうございます。古いことだからね、記憶が間違っていたりするところは後でまたチェックしていただくとして…。

まず、私が生まれたのは一九三四年（昭和9年）8月28日です。場所は東京、今の東十条です。昔は下十条と言いました。駅でいうと王子駅の次ですね。言ってみれば下町です。

親父は長野県の軽井沢の出なんですけれども、軽井沢を出て東京で苦学して中学を卒業しました。明治30年生まれで鉄道省の技術研究所にしばらくいたんですが、坐骨神経痛を患って、私が生まれた時にはもう勤めは辞めて洋品屋をやっていました。東十条の駅を出ると坂がありまして、その坂を下ったところにある商店街の一角です。

私が小学校に入学したのは41年(昭和16年)、ちょうど太平洋戦争が始まった年で、王子第四小学校と言いました。戦災で全部焼けて廃校になってしまうんですが…。当時鮮烈だったのは、12月8日に真珠湾攻撃があった時、全校生徒が朝集まって校長から、戦争が始まったということを告げられました。その時生徒全員が校庭に集まって皇居に向かって礼拝をしましたね。頭を深く下げて。

私は子供の時に身体が弱かったんです。身体が弱くて夏になると駄目になっちゃうんです。そのために塩原の手前の穴原温泉というところによく行きました。家族でそこに1ヶ月ほど行っていました。その間洋品屋を休んでね。ですから小学校時代、東京の夏は知りません。私は親父とお袋が結婚して10年目の子供なんです。ですから過保護に育ったといえば、そうだったんです。私の後にもう男の子が生まれないかも分からないと思ったんでしょう。妹が一人出きたんですが。妹は今は軽井沢にいます。

親が鉄道省や洋品屋をやっていくうちにお金が貯まっていたからそういうことが出来たんでしょうね。それからお袋と共稼ぎだったんです。お袋は宮城県の白石というところの出身なんですが、女学校を出て司法省に行ったんです。当時では珍しく教育ママでね、授業参観でもないのに授業を見に来るんです。父兄会の役員もしていましたが、普段の日に一人で見に来るんです。授業を見て、家では家庭教師になって教えるんです。これが嫌だったね。だけど、おかげで成績は良かったです。

小学校の4年の時に疎開しました。疎開には集団疎開と縁故疎開という2通りがあったんです。集団疎開では可哀想と思ったんだか知りませんが、お袋が宮城県の白石市の出身だったので、お袋の姉の家に行かされて白石小学校に入りました。そういえば以前に大学の同窓会が向こうの方であった時に、それこそ何十年ぶりに白石小学校に行きました。

——まだあるんですね。

❖ええ。白石小学校は大きい小学校ですから。ただ、正門は残っていましたが校舎は変わっていました。大変懐かったです。そこには小学校4年から約一年間いました。

十条の家が4月20日の大空襲で焼けたんですが、親父は世話焼きな人で町内会長をやっていたためにすぐには疎開できませんでした。家の裏に映画館があったんですが、映写室は石造りでそこだけが焼け残っていて、そこが町内会の事務所になっていました。

——45年ですか。

❖そうです。終戦のちょっと前ですね。そして、町内会の仕事が全部片付いたということで7月の始めに今度は軽井沢に疎開した。軽井沢の小学校に入学することになって、そこで終戦を迎えました。軽井沢は当時皇族系だとか財閥だとかの別荘が多かったために、疎開してくる人が多かったんです。皇后の美智子様がいるでしょう。あるインタビューがあって気付いたんですが、皇后とは当時軽井沢小学校で同級生だった。確か当時クラスが男女2クラスずつ全部で4つあって同学年でした。共学だけど別のクラスだったので皇后のことは記憶にはないです。そういう訳で比較的裕福な家庭の子供が多いから着ているものや靴なんかも良いものを着ていました。私なんかは洋品屋の息子ですからね、どうってことはなくて。

僕は子供の時からガキ大将でした。身体は強くないんだけど、普段は元気なんだね。よく喧嘩をしていました。当時は「疎開っぽ」と言っていじめられましたが、僕はそれこそ一人でクラス全員相手にして大喧嘩しました。こっち側の子供はみんなお上品で駄目でしたが、向こうの大将をぶん殴ってやっつけちゃったものだから、そのうち僕が番長になっちゃった(笑)。ですから僕は悪童では有名です。親父は軽井沢でも戦後落ち着いてから洋品屋を始めて屋号を「東京堂」ってつけたんですが、軽井沢では「東京堂の源ちゃん」で有名だったんです。

軽井沢中学に入る頃、親父は明治30年の人ですから当時40代になっていました。町内会長やったり、県の関係の委員をやったり、町会議員やったりという人でした。バリバリの自民党でね、吉田茂なんてこんなすばらしい人はいないと。僕も政治が嫌いじゃなかったから、親父の影響を受けてるのかな。中学校3年の時には生徒会長をやっていましたし。

高校進学の時には新制の軽井沢高校に行きました。学区制が新たに敷かれたんですが軽井沢高校はもともと女子高だったんです。普通、成績の良いやつは上田高校に行くんですが、そのためには寄宿しなくちゃ行けなかった。僕らは「俺らが軽井沢を良くしなくてどうするんだ。寄宿なんてとんでもない」ということで軽井沢高校に行ったんです。それで、僕がガキ大将をやっていたってこともあって頭の良いやつはみんな軽井沢高校に行ったんですよ。当時にしては珍しく。しかしね、中学校時代の成績が良いものだから調子に乗って勉強しなくなっちゃった。井の中の蛙もいいところでした。

――軽井沢小学、軽井沢中学、軽井沢高校ですか。

❖そうです。生粋です。高校時代は生徒会長をやったり、高校1年の時には演劇部を作って演劇活動をやったりしていました。将来は弁護士か役者になりたいと思っていました。当時喜劇役者で判淳三郎というのがいましてね、彼が好きでした。判淳の弟子になりたいと思ってました。しかし親父はそれだったら、弁護士になった方が良いということで、大学受験したわけです。商売のこともあったけれども、どうしても東京に行きたかった。それで東大の法学部と昔から法学部の伝統校だった明治大学を受けました。軽井沢高校は完全な進学校ではなかったけれども、大学に行くのは15人くらいだったかな、でも当時統一テストのようなものがあってそこそこ良かったもので、東大もちょろいもんだと思ったんです。実際は駄目でしたね。

すべり止めの明治が受かりましたが、当初行きたくないと言ったんですよ。なにしろ当時の明治は悪い話ばっかりだったから。電車の中で学生が小便しちゃったりとか、運動部のやつが配達に来たラーメン屋の女の子をおかしくしちゃったりとか、そんな話ばっかりなの。それで、行くのは嫌だなと思っていました。しかし、親父は息子のことをよく見てるんだね、「お前は浪人したって勉強するはずがない、東京に行ったら遊ぶに決まっている、弁護士になりたいなら明治に行けば良い」と。その時はよくよく考えましたよ。浪人したら東京には行けなくなるということだったので、結局、明治に行くことにしました。ところがこれが運のツキだった。53年（昭和28年）の春に入学しました。これが大学に入るまでの話です。

明大で学生運動に

――それまでは政治的色合いというのは？

❖ないですね。ただ、疎開したり、家が焼かれたり、東京に戻って来た時に空襲にも遭いました。向こうのB29なんていうのはすごいんですよ。こっちからは赤とんぼと言われる戦闘機が行くんだけど、それこそ大きな鷲に赤とんぼが突撃しているようなもので。それがやられちゃうのを見ていました。

僕は小学校まで士官学校に行こうと思っていました。白石時代に溺れかけたことがあって、それ以来泳げなくなってしまったんです。だから海兵は無理だということで陸軍か空軍だと思っていました。しかし日本が負けて戦後になっていろいろな状況が見えてくるようになると、やはり平和でなくてはいけないと思うようになりました。要するに純粋だったんだね。弱い者を助けなきゃいけない、正義を貫かなくちゃいけない、という考えを持つようになりました。そして大学に入っていろいろな政治事情に関わっていくにつれて、政治に関心を示すようになっていきました。

大学では雄弁部に最初入っていました。明治の雄弁部というのは有名でそこから弁護士になるやつがいました。ところが雄弁部っていうのは「右」なんです。ひどいところでした。殴りはしないけど、規律がすごかった。当時1年は17人くらいいたんですが、みんなを集めて「こんな厳しい規律を容認するのか」と主張したんです。僕らが結束すればいいんだと説得して、意見書を作って先輩等と大喧嘩をやったんです。そういうことは得意だったんですね。

僕が最初に学生運動に足を突っ込んだ要因は、大学で7・1ストという学園浄化のため教職員も含めた全学ストがあった時です。僕が入学した53年7月のことですから。当時、先程言ったように学生は問題を起こすし、不正入学があったり、教職員への弾圧があったりで、学生と教職員が一緒になってストをやったんです。雄弁部に入っていたのでクラスの闘争委員に選ばれました。法学部は伝統学部ですから、どちらかというと右寄りでね、闘争委員として出ていったんですが、その時にどんなに世の中の仕組みがいい加減かを知りました。明治というのは当時、右翼やヤクザもいました。そういう人等がストを潰しにかかるんです。そういう実態を垣間見たりね。ストは一日で収束して学校側は改善策を提出するんですが、その時に法学部自治会が崩壊してしまいました。右寄りであるがために突き上げがあって総辞職になりました。

そういう中で、威勢が良かったからでしょうか、僕が法学部の再建自治会の書記長になったんです。

3年生を中心に新しい自治会を再建しましたが、その時が学生運動への関わりの第一歩です。できれば1年間明治大学に行って、他の大学に移るなんて思っていたのに、だんだんそっちのが面白くなって来ちゃって…。

――再建された自治会は左寄りですか。

❖そうです。再建前の法学部自治会は全学連には加盟していましたが、名ばかりでした。学生運動自体も混乱して停滞期でしたがね。53年（昭和28年）頃はほとんど学内問題だけでした。翌54年春に僕は法学部の書記長兼オール明治の中央執行委員になりました。そしてその年の秋に共産党に入りました。「六全協」が55年7月ですから、その10ヶ月くらい前といったところです。何故入ったかというと、一つは正義感です。平和じゃなきゃいけないと。政治を変えるためには共産党じゃなきゃいかんという思いがありました。しかし当時は共産党に入党するということは大変なことでした。家からは勘当されるんじゃないかとか。入党するには二人の推薦者が必要でした。入党の誓約書から入党心得まであって…。それによって審議されたものが地区委員会にあがり、中央委員会にあがり、それでやっと入党許可になるんですよ。その時には親父と縁切りだと思いました。それでも政治を変えたいと思っていました。ただ当時は運動そのものに山村工作隊なんかもあって混乱していたんですけれどね。明治は大人数だから共産党員もたくさんいるんだと思っていました。ところが入ってみたら党員は7、8人しかいなかったんですよ。「マルクスがどうだ、レーニンがこうだ」と偉そうなこと言っていた人たちが実は党員ではなかったのかと。共産党っていうのは大変なところだというイメージがあったためでしょうね。

「六全協」前後

――「六全協」前の火炎瓶闘争はやられたんですか。

❖まだぺーぺーですからやっていません。最初に全学連に関わったのは松本登久男さんが全学連の委員長だった時です。仙台でやった時で「3中委」だったかな。東北大でやりました。その時に松本登久男の後に委員長をやった田中雄三君と僕が議長になったんですよ。

――松本さんが委員長になるのは54年6月です。土屋さんはその時全学連の中央執行委員にはなってないんですね。

❖明治の方でやらなくちゃいけなかったんで、僕は全学連の中執としては出ていませんでした。1年の時に法学部の書記長をやってその後兼任で中執に出て、もう一回中執の2年の時に書記長をやったんです。そして、2年の6月頃かな、オール明治の書記長になりました。明治というのは当時法学部、政経学部、商学部、経営学部、文学部、農学部、工学部の7学部だったんですね。法学部は学連支持側でしたが、その他に文学部、経営学部もそうでした。

ただ政経学部と商学部がどちらかというと中道より若干右寄りよりだったかな。それに加えて運動部と応援団があるでしょう。ですから絶えずその中で争いがあって、学生大会の時になるといつも学連脱退問題が出るんですよ。そのために明治の中央に僕がいないと全体が治まらないという状況だったんです。ですからさっき言ったように僕は中執に出て行けなかった。それと同時に共産党の問題もありました。僕が大学3年の時に明治の細胞キャップになったのかな。「六全協」後です。その当時は党員が最大で90人を越えました。中央執行委員会の委員長に3年の秋になりました。

——55年の秋ですか。

❖そうですね。「六全協」の後の秋です。その時オール明治の書記長から委員長になるんです。僕は政経、商学部を抑えるのはうまかったですから、結局そちらに座っていなくちゃいけないという背景が一つありました。ですから、学連の会合には出て行くけれど、向こうにシフトするというわけにはいかなかったんです。

「六全協」後の学連は混乱で麻痺していました。学生運動そのものも。あの時の都学連の委員長は誰だったかな…。当時は都学連委員長っていうと東大駒場から出るんですよ。そして、副委員長は明治、早稲田なんかの私学の大きいところから選ばれました。書記長は早稲田が多かったですね。一方、全学連は東大本郷が委員長で、書記長は早稲田か京大という流れがありました。都学連も全学連も六全協によって崩壊しちゃったんです。その時僕は居合わせましたけど、なにしろひどかったですよ。みんな泣いちゃってね。バカみたいな反省ばかりで、自信を喪失したというか…。一時総辞職です。それが「六全協」直後のことでした。

——田中雄三さんが全学連の委員長の時ですね。

❖そう。あの時は都学連も麻痺状態だった。それで仕方がなくて再建するにあたって、都学連事務局を明治に持ってきたんです。委員長が誰だったか分からないんですが、明治から都学連に納山君という人が行きました。彼は経営学部から出て、やはり党員でした。しかし半年くらい置きましたが大学との折り合いが悪く出て行かなければならなくて、金助町に移ったのです。
その頃は「歌って踊って」の時代でした。「六全協」後の55年、明治で平和友好祭をやりました。その時は女性の活動家がコーラスをやったんですよ、要するに「平和と友好」だから。その頃は国際学連もそうです。ワルシャワの平和と友好祭に出すというので、明治からも人が行きました。それからね、みんなでハイキングに行くんですよ。赤旗持って。

——赤旗を持って山を登るんですか。

❖そうだよ。「平和と友好」だもん（笑）。しかしその間に、学連も再建しなきゃならないということで運動らしい運動が始まりました。第9回大会以後です。それまでの1年弱は「平和と友好」だった。

——大真面目にやったんですか。

❖大真面目。それが平和に役立つと信じていたから。当時フルシチョフの平和共存論がありましたし。それからイタリアのトリアッチの構造改革論もその時期でしょう。その頃の国際学連のスローガンは「平和と民主主義、より良い学生生活」ですからね。それがきっかけで当時は歌声喫茶が広まって行きました。

——歌声喫茶とは？

❖要するに喫茶店に学生だけじゃなく若い人たちがたくさん集まって歌を歌うんですよ。歌うのは主にロシア民謡、例えばカチューシャの歌だとかね。そのための歌もあったくらいです。それを喫茶店で歌うの。まあ、今から考えると異様だよね。（笑）

——そういえば昔、新宿にもいくつかありました。

❖そうそう。あらゆる所にそういうのができたわけ。みんなで肩組んだりして歌うんです。僕は「子供じみてるな」と思っていたけど、当時中執じゃない。背中向けてるわけには行かなくてね。56年の春まではそういうことをやってたんじゃないかな。その頃は政治的な方向がなくなっていました。共産党自身が方針を失っていましたから。所感派が手打ちして、野坂が帰ってくるわ、宮顕（宮本顕治）が復活するわで、党本部も権力闘争で混乱していましたし。そんな中で僕らが最初に取り組んだのが国立大学の授業料値上げ反対闘争かな。

――56年の春ですね。

❖ところが明治は私大ですから、国立大の値上げだと学生が関心を持たないんですよ。しかし「国立が値上げするということは私学にも影響するから」ということで共闘を促したんです。それでも盛上がりは今一つでしたね。要するに国立大学の問題じゃないかと。ですから、その時期はまだまだ学内問題にのみ関心がありました。その後、教育3法が出てきて、やっと学生運動がそっちの方向にシフトしていきました。デモも組織されて。とは言っても明治もまだ動員力はそれほどじゃなく、2～3百から多くて5百人くらいでした。教育3法の後に警職法があって、砂川闘争に入るんです。砂川の頃には学連の指導体制も完全にできあがっていました。確かこの頃、都学連の委員長は全学連副委員長と兼務で牧衷がやっていたと思います。

都学連、全学連の人事

――都学連について教えていただきたいのですが。都学連というのは、東京都にある大学の自治会の連合体ということですか。

❖そうです。要するに地方組織。北海道には道学連というのがあって、東北には東北大を中心としたまとまりがあって、東京は都学連、それから名古屋はなかったけど、京都府学連、大阪府学連、九州学連があったね。この5つが地方組織の主なものだったんじゃないかな。つまり、全学連加盟というのは大学やその学部が中央学連に加盟して全学連に加盟するという形でしたから。それ以外の地方大学は個別加盟です。これは「六全協」以前からそういう形式だったと思います。

――その代表者が全学連に行くという形ですか。

❖いや、必ずしもそうとは限らないんです。例えば牧衷の場合、都学連委員長で全学連の副委員長という形でした。さっき言ったようにだいたい委員長は東大本郷から出てきますから。

――人事というのは学生の間で決めるんですか。

❖基本的には共産党中央が決めていたんです。僕はまだ入党したばかりだったからよく分からないけど、たぶん松本登久男とかの時代も党が決めていたと思う。9、10回大会の香山（健一）も、それから田中雄三もそうだね。それから、学連が再建された56年、この辺で東京都委員会に学対部（学生対策部）ができるんです。最初学対部の責任者は誰だったかな…。中央の。紺野与次郎かな。ちょっと記憶がありません。それで、実際の学生からは当時、島（成郎）と香山と森田（実）と生田（浩二）と私、それから高野（秀夫）もいたと思いますが、そのへんで人事を決めていました。決めた後に党中央と交渉しました。「六全協」の前は完全に共産党が決めていました。「六全協」以後、学対を作らざるを得ないという背景があってそういうふうに人事のやり方が変わったんです。ですからよく新聞で、全学連は共産党だと言われていましたが、全学連中執というのは、党員以外はゼロに近かったんじゃないかな。ただ都学連とか府学連は党員が半分くらい。後はそれに近いシンパ。

このような状況で砂川闘争に入っていくわけなんですが、実際の指揮は香山、森田でやっていました。森田は非常に馬力もありましたし。森田は当時共闘部長をやっていて実践の中心になっていたのは彼でした。ところで牧衷はぜんそく持ちだったんだよ。

——牧さんもですか。

❖そう。島もそうでしょう。牧衷はもっとひどかった。

——香山さんは?

❖香山はたいしたことない。あれは辞める口実に使っただけ。56年の砂川の時、牧衷と高野は後方支援部隊でした。前線部隊が森田と香山だったんです。そこに亀裂ができてきちゃった。結局前線部隊の方が派手に報道されるでしょう。マスコミやなんかも持ち上げるし。僕は当時、明大の中央執行委員会の委員長で、明治の最高責任者でした。ですから、砂川には昼行く時も夜行く時もあった。というのも、あれだけの闘争をやってると反対派もあるからいつひっくり返ってしまうか分からないという不安もあったので大学を留守にできなかった。

それで僕は昼間は東京に残って砂川闘争の街頭募金をやったりしました。それこそ女子学生に手伝ってもらったりして。そうすると一日に当時で1万円じゃきかないくらいの金が集まりましたよ。場所は神田の駅とかね。各大学に担当地区を持たせました。例えば明治だったら神田とか御茶ノ水、早稲田なら新宿というふうに。そうすると募金箱に集まったお金を数えて闘争資金として持っていくんです。募金のお金は全部学連に行くわけではなかったね。交通費がかかったりしますから、自治会の自由裁量になる部分もあったんです。半分くらいが残って学連の資金になったのかな。

僕は夜に砂川に行ってその日の状況報告を聞いていました。党細胞というのはリーダーが4、5人いるんですよ。LC会議というので細胞の方針を決め、細胞のキャップが最終決定するんです。明治の行動隊長が佐竹でした。教育3法、警職法の時から機動隊が出始めましたが、まだその頃の学生はジグザグなんかもやらなかったから大人しかったね。

砂川闘争の総括をめぐって

小島と小野寺が砂川闘争については詳しく話しているから、ざっと述べるにとどめておくことにします。砂川の時は警棒でやられました。しかしテレビに出るから上からは殴らないんです。下から突き上げたり、靴で蹴られたりしました。それを防備するために週刊誌をお腹に入れておく。これは意外と防備になるんです。それともう一つは桟俵を巻く。みんなが歌ったのは校歌、それから赤とんぼをよく歌ったね。歌って座り込んだりして抗議すると。それで最後には測量中止になりました。この時明治の幹部もパクられました。今清水市役所にいる田村君なんかです。

10月に闘争は終わったわけだけど、その総括の時に高野・牧衷のグループと森田・香山のグループが対立したんだよ。島は仲裁役でした。島は思想は香山と森田に近いんだけど、組織をできるだけまとめたいというタイプの男だったんです。組織を割るというよりもまとめたがるやつだった。牧衷、高野、島、香山、森田、私で会議をやった時も、牧衷はガンガンやられると喘息になって休んじゃったりするの。高野たちが言ったことは「孫悟空の手のひらだ」ということです。つまり「総評なんかにいいように乗せられて学生が踊らされている」と。そして運動は「極左的で跳ね上がりである」とね。これは、はっきり言って、やっかみです。

砂川の連中としては戦術論でも多少違いがあったから、意図的に高野たちを現場に来させないという面もありました。後方支援としての書記長の仕事があるといって、つまりおっかぶせておいて、動かさないというふうにね。その亀裂が段々深まって行くんです。最終的に高野も牧衷も駄目だということになって、牧衷は身体の方がもたなくなってきたので都学連と全学連のポストから降ろすべきだということになりました。

都学連の方は高野・牧衷と香山・森田ラインの確執があったものだから、それまでのように東大から委員長を出すという伝統がうまくいかなくなった。それで結局、島と森田の案で僕しかないということになったんです。高野のラインも僕で良いということでした。ところが当時の明治は抗争があって大変だったわけです。それで明治の僕の後任はどうするかということになって、川上純が選ばれたという経緯がありました。

53年に入学して57年3月には卒業する予定でしたが、学連を続けるために大学を留年しなきゃいけないわけです。留年するためにはどうやって単位を落とすかっていう問題があったんですが、僕はドイツ語の単位を落としていたんです。そもそも当時大学にも全然行かなかったですしね。たまに学校行くと「土屋君、今日はなんだい」と言われたくらいですから(笑)。園山先生という真面目なドイツ語の先生がいたんですが、2年の時に試験を受けに行ったら「土屋君、君は出席していないから試験を受けさせない」と。そうしたらクラスの奴等は「土屋は来ているのに、試験を受けさせないのはおかしいじゃないか」となったんですが、先生は頑として受けさせてくれなかったね。最後にはそんなんだったらバカらしいと思って帰ってしまったんだよ。そしたらクラス全員が拍手(笑)。そういうわけで、ドイツ語の4単位が未修でした。傑作なのは卒業するまでドイツ語は未修のままなんだね。

そういうことで、留年して都学連委員長に出て行きました。僕が委員長になった時には生田（浩二）が組織部長でした。ところで生田を委員長に持ってくる案もあったんですがね、高野と牧衷が賛成しませんでした。生田も「俺は向いていない」と言っていました。ただ、僕は生田に一緒にやってもらうに越したことはないと思って打診したところ、生田も中執なら受けるということで組織部長になりました。塩川（喜信）は最初は執行委員で出てきたんじゃないかな。後に副委員長になったんだと思う。それから鬼塚（豊吉）が書記長でした。法政の柴沼君というのは今フランスに30年近く行っていますが、当時副委員長でした。彼はオルグで東女（東京女子大学）に行った時、針井さんという東女の委員長とくっついちゃった。57年の春がその体制です。

全学連の方は香山委員長の体制。小島が副委員長になりました。小島は第2次砂川闘争の前の56年春に明治から全学連に出しました。当時、加藤君という人が全学連の副委員長の含みで全学連に出すことになっていました。加藤君は古くからの党員で、新聞屋の息子でね。ところが彼はビビッちゃって、布団被って大学に出てこなくなっちゃったんですよ。小島は加藤君が病気になったと思っていますが、実際は違うんです。加藤君が失恋したというのもあったけど。僕が彼の家に行って「こんな時期に何事か！」って言ったんだけど、彼は「絶対に嫌だ」と。ですから困っちゃって…。それからね、この時は小島の他にもう一人候補者がいたんです。最終決定権は僕にありました。小島は当時文学部自治会の委員長でした。それで、なんで小島を全学連に出したかというと、文学部自治会は非常に安定していたからです。小島を出しても後の体制が心配ないということで彼を選出しました。小島は性格的にも向いているじゃない…、外向きだし。なにしろおもしろいやつでしたよ。性格は明るいし、物怖じしないし。歳を食っていたというのもあったと思うけど…。小島は学年は一つ下だけど、年は二つ上だったな、確か。そんなふうに小島が全学連に出ていって、僕が都学連の委員長になったのが57年の春です。当時の都学連の組織は、先ほど言ったように僕が委員長で、柴沼が副委員長、鬼塚が書記長、生田が組織部長だったと思います。

第3次砂川闘争で逮捕

——57年7月に第3次砂川闘争です。

❖そうです。その時は都学連が主体の闘争でしたね。ですから小島、森田、小野寺も来ていましたが僕が指揮するという形でした。その時は拡張工事反対ということで、総評にも動員をかけました。それで何故捕まったかというと、向こうが基地の中に入れさせないようにバリケードを置いたんです。それに対して僕らはそれをムシロで覆って突っ込めとやったわけです。学生が突っ込んだために総評の若い連中もつられて入っちゃったんです。総評はあくまで抗議だけで、基地に入るのは反対だったんですね。共同戦術会議をやった時は、総評は「あくまで抗議行動であるから中へは入らない」ということでした。しかし、総評の若い連中は不満だった。そこへもってきて学生が突っ込んだものだから、つられて入っちゃったんです。捕まった時の罪状は、米軍基地の中に安保条約で協定されている場所に我々が侵入したというものでした。逮捕されたのは現場ではなく、闘争から3ヶ月後の9月下旬です。それまでに期間がありますが、これは検察が証拠固めをしていたためだと思います。そろそろ捕まるなというのは予想できましたよ。何故かって言うとね、デモの許可を取りに警察に行くでしょう、その時に向こうがなんとなく動くんですよ。

――なんとなく動くとは?

❖ここで逮捕してしまえという雰囲気です。警察の若い連中はすぐに捕まえちゃいたいわけですよ、「親玉が来たぞ」ということで。ところが証拠が充分じゃないからそうもいかなかったのでしょう。というわけで事前に、やられるなとは分かっていました。それから新聞記者が情報を流すんです。当時の新聞記者は結構情報を流してくれました。我々を支持する新聞記者がいましたから。だからその日に警察が来るっていうのはだいたい分かっていた。

逮捕の前日は阿佐ヶ谷の下宿屋にいました。さっき言った法学部の川上君や後に中執の委員長になった政経の橋本というのがいるんですけれども、彼等はすごい飲兵衛で、どうせ捕まるんだからというので一緒に屋台で飲んでいたんです。そしたら翌朝の6時頃、警視庁が来て「土屋さんですね、令状を持って来ました」と。ところが起きないいんだよ、二人とも(笑)。僕は「ちょっと待ってくれ。髭も剃らなきゃだし、顔も洗わなきゃだから」と言ったんですが、逃げないようにと小さな庭を5人くらいがバーッと囲みました。そしたら、2人がやっと起きてきて…(笑)。部屋に砂川闘争に着て行ったシャツがあったんですね。刑事が見つけて「これは土屋さんのですね」と言ったんですが、橋本君が「これは僕のです」って言って抱え込んでくれました。それは持っていかれませんでしたね。家の外に出ると新聞記者がたくさんいました。当時のヒルマンというなかなかの高級車に乗せてもらって警視庁に連行されました。その時全学連書記長の小野寺君を初め、学生9名、労働者14名が一斉逮捕されたんです。警視庁では他の連中とは分散して入れられました。警視庁の玄関ではテレビライトなんかがパッパッと浴びせられました。その時に刑事は「テレビに出るから手錠は外しましょう」と。

——粋ですね。

❖当時はまだ粋ですよ。それで手錠を外されて入っていきました。それで何日くらい留置場に入ってたかな。面白かったのは、当時一緒に入っていたやつの一人がバナナの密輸をした人でした。今では考えられないけど、当時はバナナが貴重品だったからね。それから競輪の八百長、車の不正輸入。僕を含めて4人が雑居房にいました。

朝になると点呼があるんですよ。みんな正座して番号を呼ばれて返事をするんですが、僕はいつも横になって寝てるんだよ。でも「あいつはいいんだよ」と言われてるんです。それから、中にいるやつが「あんたは偉いな。俺らは悪いことやって捕まってるけど、おまえは日本のためにやったんだから大きい顔していいんだよ」って(笑)。一番しんどかったのはトイレが12畳くらいの部屋に裸で置いてあることでした。両脇が金網で見えるし、匂いがするし。

僕は親父に勘当されかけていて食事もろくに食えない時だったから、留置場の中だと三度食べられるし、女子学生が差し入れしてくれるしで快適でした。女子学生のお弁当にはおかずでね、「がんばれ」なんて書いてあるんですよ(笑)。出る時には「土屋君、君みたいに留置所に入って太った奴はいないよ」って言われましたね。そりゃそうですよ。ちゃんと寝て食べられるんだもん。それから、その時に僕のゼミの先生で鍛冶良堅という人が接見してくれたんだけど、その親父も有名な弁護士で奥さんも有名な弁護士なんですけど、その時に今でも忘れない、不二家のドーナツを買ってきてくれたの。「土屋君、これ食えや」って言って。全然ゼミなんか出てないのに。あれは美味かったなあ。結局、保釈になって、出る時に親父が引き受けに来てくれました。保釈されるのはだいたい日曜とか祝日が多いんです。何でかって言うと、日曜の方が学生の動員力が落ちるからです。

砂川に関しては完全黙秘でした。向こうは僕の写真をたくさん撮ってるんですよ。それで「これは土屋さんでしょ」って言われるんですが、「いやあ、世の中には似てるやつもいるんだな」って言って(笑)。しかし、雑居房の中にいる方が苦痛なんですね。何もやることがなくて退屈だから。だから早く取り調べに行きたいなって思いました。ところが向こうも取り調べなんてしてもこっちがまともなこと喋らないって分かってるからなかなか呼んでくれないんです。

法廷闘争では我々がいかに正しい行動をとったかを訴えました。それをアジ演説するわけです。担当した伊達裁判長は厳しかったよ。ストップかけるんです。「土屋君、そこで止めて下さい。それは尋問事項とは違います」とか言われました。それでもこっちは止めないわけです。最終的には衛士が出てきてストップをかけました。そういうことをずっとやっていました。

（砂川基地問題が）違憲であるという判決が出るとは思わなかったね。判決は、日米安全保障条約に基づく米軍の日本駐留は憲法九条の戦力不保持の規定に違反し存在を許されないと断定したもので、全員無罪が認められたんですね。伊達さんというのは非常に清廉な人でした。弁護士団は、主任弁護士が海野先生という方で、法曹界でも有名な先生でした。弁護士団の事務局長をやったのは内藤先生といって、明治の先生になって、その後参議院議員になった人です。ですから当時は弁護士の数だけでも相当でした。違憲だということになって高裁に行き、控訴されて最高裁に行って、最後は最高裁で差し戻しになりました。この「伊達判決」と言うのは有名な判決で、大変画期的でした。最終的には2千円の科料でしたね。当時かみさんが納めに行きましたよ。起訴されたのは僕ら7人です。この時、小野寺は起訴されなかったんだよ。本人はなんで起訴されなかったんだろうって言っていましたがね。起訴されたのは確か学生が3、4人でした。

「平和共存」路線をめぐって

——土屋さんが後に参加される「革共同」（革命的共産主義者同盟）が結成されたのが57年12月です。その前がこの第3次砂川闘争です。その頃の動きは？

❖この時期には、勤評闘争、第3次の砂川、教育3法がありましたよね。それと、国鉄の値上げ反対闘争や、それからやっぱり原水爆禁止運動です。アメリカのクリスマス島で原爆実験をやったことへの抗議として、アメリカ大使館やイギリス大使館に抗議行動をしていました。それから、もう一つは

58年の警職法ですよね。こういうふうに運動がずっと続いていきました。その中でも特に原水爆に相当大きな関わりを持っていました。原水協ができるのは何年だっけ…。

——55年です。

❖その国際大会がこの時期にあって参加しました。共同議長に関しては全学連委員長が出るということで、香山が出ていました。当時は総評、共産党、社会党、全学連の四者が原水協の母体でした。そして、絶えず共同で運動をやるための会議を開いていました。そうすると現実問題として、常に対立するんですよ。原水協の中には共産党の党員が結構いたので社会党との間はどうしてもぎくしゃくして。学連が一番左寄りで、その次はどこかって言うと総評でした。総評の事務局、例えば岩井とか太田とかのラインです。その次は共産党、社会党が似たようなものですね。

この時期もまだ平和共存路線じゃないですか。フルシチョフ以降の平和共存というのが世界を覆っていたために、あくまでも平和的にという風潮でした。しかし我々は平和共存なんて大国が支配の口実にしているだけだと思っていましたから、原水爆禁止運動を徹底し、戦争に反対し、反帝闘争にして行かなければならないという考えを持っていました。ですからいつも対立が生じていました。そもそも何で対立するかと言うと、スローガンで対立するんですよ。平和共存路線を中心に据えた方は優しいスローガンになりますよね。しかし我々は反帝闘争ですからね。そんなわけでいつも妥協したスローガンになって、一貫性がありませんでした。その後だんだん亀裂が広がっていって、安保闘争以降紆余曲折を経て、社会党系の原水協と共産党系との二つに分かれていくんですが、まあそれはずっと後のことですね。平和を守るという運動としては砂川以降、原水協、それから国内の政治課題。さつき言ったように、国鉄運賃の問題や勤評闘争です。そういう形で展開していきました。

それからその辺りで出てきたのが、早稲田と教育大と神戸大との問題です。早稲田は高野の影響なんです。教育大は津島（薫）の影響です。彼は本名を飯島というんですけど。早稲田の高野と教育大の飯島が手を組んだんですよ。彼らはどちらかと言うと平和共存で、党本部の路線に近かった。砂川闘争の総括から始まって、その時はまだ感情論だったんですけど、徐々に戦術論、戦略論にまで対立点が広がっていきました。

星宮（煥生）はジグザグデモはガキみたいだと言っていましたが、それは違うんです。何故ジグザグデモをやるかと言うと、学生というのは先駆性がなくてはいけないということだったんです。学生がまず先鋭的な闘いをすることで労働者、国民に意識を作り出す、そういう役割を意識していました。要するに「先駆理論」です。「ジグザグデモという過激な闘いをすることによってその先駆性を示すべきだ」ということでした。そういう政治理念の対立があったんです。それに対して早稲田なんかは「跳ね上がりだ」と批判しました。パクられるような闘い方は間違いだと。早稲田と教育大はしばらくジグザグデモをやらないということがあったので、早稲田と教育大を処分したこともありました。

しばらくすると戦略、戦術に関する亀裂と同時に、党中央と学生との間の差異が鮮明になっていきました。党中央は平和共存路線ですから一般大衆に好まれる運動をすべきだと。しかし、我々からすればそれでは革命政党としての役割を放棄しているじゃないかということになります。共産主義であるということは少なくとも革命的でなければならないと真面目に思っていましたから。党本部にすればそういう学連の方針は好ましいものではありませんから、津島や高野を使ってできるだけ歯止めをかけるという方向でした。例の「6・1事件」の時もすごく揉めるんです。高野たちも絶えず「異議あり、異議あり」で、議長席にのぼってくるし。それで党中央がある程度そのへんを調整しなくちゃいけないということで、代表者会議を開催することになった。

――第11回全学連全国大会直後の6月1日ですね。大会が始まったのが58年5月28日で終わったのが31日です。

❖「6・1」では実際にはフラク会議をやったんだよ。表向きはやってないことになってるけど。そこで僕と小野寺が議長になるということはその時決まったんです。「6・1事件」になって、結局森田と香山が共産党から除名されることになりました。もうひとりは東大の野矢ですね。野矢は除名されるような男ではなかったですよ。ただ跳ね上がって暴れて、良いところを見せようと思っただけで…。その3人が除名されました。後は、党員権の停止。

学生としても前年の57年ごろから、共産党の組織に入って影響力を持っていかなくてはならないと思っていました。それで島を都委員会に出したんです。都委員会というのは東京都の共産党の委員会です。共産党というのは県別にあって、東京がその中でも一番大きい。その下に区委員会というのがあります。都委員会には委員長もいて、事務員もいます。島をなんとか委員に当選させることができました。その後に森田と生田が文京区の委員になりました。文京区というのは割と改革派でした。僕は千代田区の委員になりました。千代田区の学対責任者でしたから。そういう形で、地区委員会に入っていって改革してゆこうということになったのです。それで、大会前の協議会にも参加しましたよ。そのうちに、大会代議員になると言ったら、それは認めないということで問題になり僕らは追い出されてしまったんです。このように党内から改革をしようともしましたが、結局駄目でしたね。結局「6・1事件」で党員権停止、その後1年も経たないうちに除名されました。

革命的共産主義者同盟（革共同）設立

❖この頃の世界情報にからんで学生運動に変化がありました。まず先程言ったように当時の国際学連は平和共存のスローガンを掲げていたでしょう。それに当時は後進国の独立運動・民族闘争がありました。特にアルジェリア問題ですね。アルジェリアのフランスからの独立運動です。これをフランス学連もバックアップしていました。日本でもアルジェリアの学生を呼んだりしていましたが、国際学連の方針はやはりおかしいと思っていました。

それからフルシチョフのスターリン批判ですね。これはおかしいぞということになっていきました。スターリンは権力志向ばかりで本当の革命家ではないということです。でもフルシチョフもフルシチョフで平和共存なんですが、それにしてもスターリンはおかしいだろうということになりました。そもそも「ソ連共産党史」です。読んでみるとスターリンを礼賛していてトロツキーをボロボロに書いてあるわけですよ。でもトロツキーが実はロシア革命の正統派で、マルクス・レーニンの真の後継者じゃないかと。結局トロツキーはスターリンとの権力闘争に敗れて追い出されてしまうんですが、もう一度トロツキーを再評価する必要があるんじゃないかということになったわけです。

また同じ時期にハンガリー暴動がありました。ハンガリーにナジ＝イムレ政権ができて民主化を進めた時にソ連が軍事介入しましたよね。その時は我々も正しいんじゃないかと思いましたが、一般学生の反応はもっと素直でした。同じ社会主義国家がどうしてああいう形で介入するのかと。単に支配しているだけじゃないかということでした。それに対して党員はなにやってるんだという突き上げを受けました。しかし、どうしろって言われてもしどろもどろでした。そんなわけでトロツキーの再評価に入っていったんです。

この頃、3つの方向が出てきちゃった。社会主義国家としてのソ連の評価と平和共存という路線、これが早稲田です。二つ目は、スターリンがおかしいのではないかという路線。三つ目はトロツキーの再評価に繋げていった路線。やはりトロツキーの持っている永久革命論に対する正当な評価が必要だということです。島はトロツキーに関しては消極的でした。所詮革命に失敗した人間ではないかという見方で、スターリンに反対だからといってトロツキーに賛成するというのはおかしいという考えでした。山口（一理）もそうです。最初は山口や生田なんかもトロツキーの影響を受けていたんだけど、徐々に違う方向に行きました。

どうして僕がトロツキーに影響を受けて行ったかと言うと、そもそも翻訳家の山西英一さんという人がいたんです。山西さんは塩川の中学校時代の恩師だった人です。そういう経緯で、まず塩川が山西さんの影響を受けた。山西さんという人はトロツキーの再評価をした人でした。ただしあくまで翻訳家ですから政治活動をするという人じゃない。当時、山西さんは吉祥寺に住んでいて、三多摩地区で社会党に不満を持っていた人達の近くにいて徐々に山西さんを中心にしてトロツキーを勉強するグループができたようです。それで塩川を通じて「一度山西さんの話を聞きに行こう」ということになって塩川と鬼塚と柴沼と僕の4人で行ったのかな。もう一人吉沢もいたかな…。吉沢君というのは東大出た後、自治労の書記局から執行委員になって国際部長までやった人物です。みんなで山西先生のお宅へ伺ったんですよ。山西先生の話を聞いて相当煽られました。それがきっかけです。

――それは57年の…。

❖57年の夏か秋口かな。

――9月22日が捕まった日ですけれども。

❖その後かな。ともかくそれがきっかけです。当時、トロツキーに関してやっていたのは山西先生の他には黒田寛一、京都では西さん、太田竜です。しかし、どれも大衆運動家ではないんです。黒田寛一は目が不自由なんですが、学者でした。太田竜は活動家ではないな。まだ西さんの方が…。西さんは共産党員で、京都府委員会の委員でした。西さんという人も大衆運動家というよりは学者でしたね。結局、本当の意味での大衆運動家がいなかったという背景があるんですね。

――そういう経緯で「革共同」が12月に創設されるのですね。

❖そう。最初は4派混同でした。それで、その中で我々が参加して行くことになるんです。その中でも殊に東京都学連と京都府学連がかかわりました。ただし京大は消極的でしたね。立命館が星宮を中心に積極的でした。

一番問題になったのは第四インターナショナルです。要するにトロツキーが革命理論を達成するために創ったものです。世界革命を目指すということだったんですが、実際はほとんど運動になっていなかったんですね。ところが日本でも第四インター支部を作るということになって、黒寛とか太田竜もそれに関わってたんじゃないかな。山西先生は最初は関わってないはずです。

「革共同」ができて、革共同として支部へ加盟するということになった。しかし大衆運動家でなく理論家でしょう。理論だと分裂するんですよ。まもなく太田竜らは（「関東トロキスト連盟」を立ち上げて）辞めていった。それで、残ったのが我々と西さんと山西先生のところです。ただ、塩川や鬼塚っていうのは理論家じゃない。彼らは大衆運動派です。だからトロツキーだとか戦術に関しても違和感があった。

僕と島は運動を進めていく上で考え方が近かったんです。ただ島はトロツキーに関しては乗り気じゃなかった。

森田は完全に「バカバカしい」と言っていました。あいつは完全に大衆運動派ですから。小島、小野寺も同じです。小島、小野寺は森田と気が合っていたから。結局そこが段々溝になっていった原因です。学連内部で革共同やブンドができてくる時期から問題になっていったのは森田の問題でした。さっきも言ったように、森田は非常に行動力もあるし有能でした。金も集めてくるし、大人ですよ。ところがやはり生活態度に問題があったんです。みんなが食えなくてヒイヒイ言ってる時に高い寿司屋に平気で入っちゃうんだから。

ですから真面目な奴から見れば、「なんだ森田は」ということになるわけです。当時は森田、香山、小島、小野寺、それから教育大の松田、それからもう一人二人いたな…。

そうそう、志水速雄だ。彼はオルグに行くとその度に問題起こしてくる。しかし森田はそういうものを全部平気で受け入れるわけです。それがどうも我々とは違うんだよね…。それで島と森田と僕で学連の体制について話し合いをしたことがあるんだ。一時は僕と島で森田を外しちゃおうということにしたんです。ところが島はぜんそく持ちで、倒れちゃったの。1ヶ月くらい出てこなくなっちゃった。そうこうしている間に、森田が中央労働学院という専門学校に入って学連に復活してきちゃったわけです。それまでは森田が完全に干された形だったんですがね。引き返してくるわけです。

全学連内部の対立

――58年9月の第13回臨時大会ですね。要するに次の委員長を誰にするかっていう…。

❖その前にもう既に問題になっていました。

――「6・1事件」直前の第12回大会ですか?

❖この時に人事問題もあって、書記長を小野寺から僕にするという案があったんです。ところが森田、香山が抵抗したわけ。僕がその時に書記長になっていたらその後の状況がかなり変わっていたかも知れないね。この時に妥協人事になってしまった。最終的には小野寺は書記長に留任、僕が書記次長になって、塩川が都学連の委員長になるっていうことで落ち着きました。つまりこの時既に対立の芽があったんです。

この時に初めて書記次長という役職を作りました。書記次長は実質的には書記長の仕事をやるけれども、香山・小野寺体制はそのまま置いておいてくれということでした。

――全学連の事務所には…。

❖僕はほとんど毎日いましたよ。だいたい僕はふところ具合が悪くてあそこに泊まっていたくらいだから。新聞敷いて。

――この頃の体制というのは…。

❖実際、この頃には香山も小野寺も半分やる気がなくなったのは確かなんですよ。

――突き上げもありましたしね。

❖そうです。それに東大から出てきた新しい連中がいて、積極的に活動していましたから。ですから、そういう若い連中と、香山、森田との間の対立もあったわけですよ。

――対立ですか。

❖まあ、ジェネレーションギャップです。そこの辺をうまく折り合いつけながらやっていました。それで実際、その頃の学連を仕切っていたのは僕です。小野寺はものすごく人間がいいんだけど、森田からすれば使い勝手がいいわけじゃない。小野寺は弁も立つし、組織活動もできるんだから使い良いんですよ。しかし彼にすれば板挟みで段々嫌になっちゃったんでしょう。

――若い学生からダラ幹なんて言われて。

❖そうそう。あいつもよく言われていましたよ、可哀想なくらい。そこへ行くと小島はうまかったな。飄飄として外向きだから。この時に妥協しないでちゃんとした人事をやっていたら状況が変わっていたかもね。

結局、森田も学連の体制を変えるにはいかなかったし、我々としても必ずしも多数派じゃないから押し切れないじゃないですか。我々と島が一緒になればできたわけですよ。ただ島もそこまではぐちやぐちゃにしたくないと。それで島が出した案が書記次長だったんです。この時期にさっき言ったトロツキー理論だとか、いろいろなことが急激に変化していくわけなんです。この時期は時間的に短い割にはいろいろなことが起こっています。

——それからもう一つお聞きしたいんですが、第12回臨時大会の時、森田さんが投票で決めようと言ったら、塩川さんが帰っちゃったんですよね。

❖そうです。塩川は嫌だと言ったんですよ。

——何故ですか。

❖これじゃうまくいかないからということで帰っちゃったんです。彼はお坊ちゃんだから。僕はやれって言ったんですがね。

——塩川さんがなる条件として土屋さんを書記長にということだったんですよね。

❖それも反対されました。

——反対したのは…。

❖森田、香山です。だから塩川もそれではやれないということになった。しかし僕は塩川に強硬にやれって言ったんだけど、彼はお坊ちゃんていうか…。彼のお袋さんの親父さんは足立正と云う日商会頭だった人なんですよ。それから、塩川の父方の祖父は男爵です。ですからそういう血筋というか、塩川は何かを闘って勝ち取ろうという性格ではないんだな。

——それで島さんが妥協案を。

❖そうでないとまとまらなかったということです。そこで対案として出てきたのが書記次長で。それから志水は中執から降ろせだとかいろいろありました。13回大会でも尾を引くんだよね。

全学連書記長時代

――12回大会から13回大会までは3ヶ月しか経っていません。

❖もう12回大会で破局しそうだったんですよ。それを無理して作ったから13回大会で駄目になった。森田も香山もやる気なくしちゃったし。

――13回大会でもまた投票して、今度は伊藤嘉六さんが選ばれたと。

❖あれは正式投票ではないの。調整の中での話です。それで最終的には、塩川が委員長になり、僕が書記長になったんです。島もこの形しかないと。この時も実は妥協人事として書記次長に清水丈夫になった。

丈夫は若い世代の代表でね、跳ね上がりもいいところでした。丈夫が典型だったのが、さっき言った「学生先駆論」です。それから加藤（昇）も妥協人事なんです、早稲田で。要するに森田に近い。つまりこの頃の全学連内は塩川・土屋ラインと、森田・島の影響を受けた小島と加藤、それから若い世代の清水丈夫らです。

この13回大会で僕が出した議案書では、今までの学生というのは、先駆性理論もあって、学生はあくまで知識階級であって革命の尖兵ではなく、革命の予備軍として参加していくというものでした。しかし、そうじゃないと。学生というのは労働者階級と一緒に革命の主体であるべきだという考えを出しました。そこで打ち出したのが、学生は労働者階級との同盟軍だというものです。僕や鬼塚、塩川が出したのはそういうものでした。それで対立が生まれたのです。要するに戦術論が変わってくるんです。先駆論では動きのパフォーマンスで喚起するというものです。しかし、我々が言っているのは、それは否定しないけれども本質ではなく、政治的に関わって行く限りもっと労働者と提携しながらやって行くべきだということです。そこに違いが生まれてきました。

――勢力的に言うと、革共同は森田派と比べてどのくらいなんですか。

❖森田派よりはずっと多い。しかし島のライン（ブント）は大きかった。森田派っていうけど、あそこは兵隊さんがいないから。森田、香山、小島、小野寺、増田、志水だとかは自治会を押さえているわけではないからね。それから北小路敏や唐牛健太郎、九州学連の篠原（浩一郎）とか柴田とかの若い世代が出てきた。

――柴田さんは当時は…。

❖九州学連です。そこから中央執行委員になってきたんです。

――立場的には…。

❖どちらかと言うと島に近いね。

――唐牛さんと仲が良かったということですが。

❖そうです。東京に出てくるとよく私の狭い部屋に泊まっていました。いい男でしたよ。でも結局どんどん学連内が分かれて行くわけです。島も、このままでは沈没しちゃうと。島の立場というのは、反スターリンであり、そうかと言ってトロツキーの言う革命理論を認めるわけではない。彼の考えは、新しい党を作るべきだと。そうでなくちゃ真の革命はできないということでした。新党を作るべきだというのが島の意見で、それが「ブンド」になって行くわけです。最初はブンド結成を黒文町でやった時には、我々も参加しました。

――58年の12月10日ですね。

❖そう。参加しています。しかし短期間で別れていきます。他方、革共同の方は組織活動がうまく行かなくなります。山西さんの影響もあって、主に社会党への加入戦術があったんですよ。加入戦術とは、社会党系の書記局に入り込むことによって、その中の左派に影響力を与えて引っ張ってくるというものです。これが革共同の戦術としてありました。僕はこれが嫌だった。やるべきじゃないと思いました。革共同の中では大真面目にこれが行われていました。

(59年12月13日の第14回全国大会の人事表を見て) 唐牛が委員長になる時も、実は妥協案だったんです。それと同時に丈夫が書記次長から書記長になるでしょう。革共同からの中執として徳江君(一橋大)、学芸大から今村君、鈴木英夫。それから今忠平、彼は東北大。それから保田は立命館。それと斎藤。彼らはみんな革共同のメンバーです。ですから革共同は排除されてはいないんです。この中では鈴木英夫が加入戦術の先鋒でした。

勤評闘争の中で奈良闘争というのがあるんですが、学連の指導で奈良に行ったのが鬼塚で…、小島も行ったのかな。実はこれは森田派の鬼塚外しだったんだよ。要するに遠くの現地にやってしまえと。しかし鬼塚にも思惑があって、関西を固めたいというのがあったんですよ。だから関西に行って西さんと急速に接近したんです。向こうでバリケードを作ったりして過激な闘争をやりました。しかし西さんはそれを跳ね上がりで間違いだといったんです。その頃から僕は西さんは大衆運動を分かってないなと思いました。島とは戦術論が合うんですがね。どうも西さんとは…。

革命理論としては、島は、反スターリニズムだがトロツキーは駄目だから、独自に党を作るべきだと主張しました。しかし僕らは、確かにトロツキーは敗者かも知れないが、彼の持っていた革命理論はマルクス・レーニンの流れを正しく汲んだものであるし、革命運動を動かすには国際的連帯が必要なんだと言いました。そこに両者の違いがあった。次に運動理論になってくると、労働者階級の同盟軍としての学生であるべきだという所までは同じです。しかし西さんは労働者と同じように闘うべきで、跳ね上がり的な運動をすべきではないという主張でした。ところが我々は、同盟軍であっても、学生、労働者では闘い方が違ってもいいんだということです。それは島に近いんです。

――そこへ持ってきて加入戦術ですね。

❖そうそう。

――塩川さんと鬼塚さんはどういう立場なんですか。

❖塩川、鬼塚は加入戦術も一応支持したんじゃないかな。僕はすごく嫌だった。

――委員長に塩川さん、書記長に土屋さんということで第13回大会になりますよね。

❖その段階ではまだ良いんですよ。問題はそのポストを降りてから、我々が革共同で専門的にやっていく段階になって差異が出てきたわけ。そこへ持ってきて、そのうちに金がないので食えなくなってきたんですよ。ですから、当分の間学生運動を見合わせて飯を食うことに専心することにしました。

また59年には大学の学部長に呼ばれて「卒業しないか」といわれていました。先ほど言いましたようにドイツ語の単位が未修だったのですが、58年に原水爆の集会への参加のアジ演説をするために教室に行ったんです。たまたまそこがドイツ語の補習の教室だったんで、補習単位を取る意志があったということになって単位をもらえたんです。いい加減だよね(笑)。それで、卒業することに決めました。いつまでも学連でやってないで、革共同みたいな組織で運動するのも良いなと思ったんです。

しかし59年6月に全学連の全国大会があるから、書記長としての任期の問題があるので、どうしてもそれまでは卒業することが出来ませんでした。書記長でいるためには学生である必要があったわけです。もし卒業しちゃったら森田の二の舞でしょう。それで学部長から話があった時に「一週間ばかり猶予を下さい」と言って、塩川と鬼塚に相談しました。それで卒業することになったんですが、問題は任期です。それで学部長に「卒業するけれども、一つ条件があります。6月卒業にさせて下さい」って言ったんです。普通だったらありえないですよね、6月の卒業なんて。しかし向こうは僕を大学から出したいわけですよ。それで6月まで卒業証書を保管して、それから卒業させるということで落ち着きました。勿論このことは一切公表されてはいません。

――前代未聞ですね (笑)。

❖それで、全学連の大会が一段落した頃に大学に行ったんです。そしたら総長も学部長も喜んでいました。本当に卒業するのかと(笑)。それで総長室で卒業証書をもらってきました。こういうわけで無事卒業できた。

ただ校友会の問題というのがありました。校友会の会費っていうのは卒業時に一括して払うわけですよね。それで校友会に名前が載るわけです。僕のはどうも載ってないみたい。変則ですから。それでね、うちのかみさんも同級生なんですが、かみさんには校友会から書類が郵送されて来るんです。ところが僕には一回も来ないんですよ。

これはまた別の話ですが、「静岡新聞」に石井さんという先輩がいて、現在は明治大学関係のことをいろいろやっているんです。彼は「最近の大学は改革しなくちゃ駄目だ」と言って、「土屋を評議員にする」と。でも僕は「そんなこと言ったらみんな横向いちゃうよ」と言ったんです（笑）。みんなには僕が学生運動やっているイメージしかないから。

――大学側が卒業させたかったというのはどうしてでしょう？

❖それはしょっちゅうテレビには出るわ、服役するわで、そんなやつに大学にいて欲しくないと思ったからでしょう。

それから僕は中央執行委員会の委員長もやっていたでしょう。7・1ストの後いろいろ改革があって、年に2回必ず理事と学生代表との間で懇談の場があったんです。僕は書記長だったり中執委員長だったから、話しあう機会も多かったし、会うごとに理事にかみついていましたから。そこへ行くと小島は大学では文学部自治会の委員長ぐらいだったからまだ良いんです。僕の場合は向こうにそういう印象が強かったから、卒業させたかったんでしょう。

――では、もう少し書記長時代の話をお聞きしたいと思います。第13回大会から塩川さんが委員長、土屋さんが書記長として任務を遂行されていますが、その任期中はどういう仕事をされていたんですか。

❖書記次長の時と同じですよ。書記局にいて誰をどこにオルグに出すとか、デモをやる場合誰に許可を取りに行かせるだとか、そういうことの一切の取り仕切りです。早稲田、教育大、学芸大なんかの集会にアジに行くだとか。ほとんど毎日書記局にいました。汚れ仕事とか組織固めは僕と鬼塚がまたやっていました。

それから、総評や地評との共闘の打ち合せとか。その頃は、大きい大衆運動はそんなになかったですよ。

――59年6月に唐牛さんの体制になりますが、その人事には関わったんですか?

❖唐牛が委員長になる時には、僕と島と星宮が唐牛の人事を最終的に承認したんです。その時にも問題があって、僕は「革共同から副委員長を出せ」と言っていたんです。徳江を副委員長に出す予定だった。ところが、確か志水速雄のことでゴタゴタがあって結局は唐牛が委員長になる体制になったんです。

――要するに、志水さんを外す代りに徳江さんも外すということですか。早い話、総入れ換えですね。

❖そうです。そもそも総入れ換えをするという話だったんです。こっちも革共同も活動に入るという考えがあったから。そうでもしないと革共同が組織として持たないということもあって。

――土屋さんが行かないとですか。

❖そう。塩川、鬼塚、私などが行かないとね。それで、そういう体制が良いということになりました。

――副委員長に糠谷さん、加藤さんですね。

❖これは完全に若い世代です。彼等は我々より2、3歳下ですから。いわゆるジュニア組ですね。徳江、今村というのもその世代です。世代交代ですね。ですから、この連中というのは森田派の勢いはゼロです。ブンド系ですよ。

——辛うじて小島さんは共闘部長で残っていますね。

❖このことは揉めました。なにしろ森田派でしたから。でも小島には小島の良さがあるということで共闘部長として残ったわけです。

社会に出て

——全学連書記長を退任された後の話をお聞きしたいと思います。

❖革共同の運動に入っていきました。ところが先ほど言ったように、段々食えなくなってきたんです。それから加入戦術や戦術論の違いなどが出てきて嫌になってきた。

それで、初めてアルバイトをしたんです。共産党に神山茂っていうのがいたんだけど、彼の弟が鉄鋼関係の業界紙をやっていたのでそこへアルバイトに行くことにしました。60年安保の時はそこで働いていましたよ。話は逸れるけど、当時の鉄鋼関係は儲かっていました。向こうも変なこと書かれるの嫌で、僕みたいなアルバイトに対しても接待があるんですよ。芸者付きの接待でした。また千葉の川鉄で大きな溶鉱炉の落成式があった時も招待されました。帰りにはお土産が付くんですよ。そこでしばらく働いていました。

60年安保反対闘争を境に学生運動の混乱が目立ってきて、これはいよいよ駄目だと思った。それで60年の11月頃、まともな生活を考える必要があると思いました。当時プラスチックの水筒や食器というのが出始めてたんですが、それを扱っている扶桑化成という会社がありました。中小企業で社員が百人ちょっといたかな。東大新人会の連中が作った会社でね。そこに来ないかと言われました。当時は儲かりすぎるくらい儲かっていましたが、そのうち放漫経営になってしまい、最後は自転車操業でした。

61年4月5日に結婚しましたが、最初向こうの両親の反対にあってね。そりゃそうですよ。向こうは北海道の歯医者の娘ですから、しょっちゅうテレビには出るやつにはやれないと(笑)。結局、結婚することになりましたが…。ところがその会社は自転車操業も長く続かず6月末に倒産しちゃったんです。

当時面白いことがありました。原材料は三井物産の希望商事というところから買っていたんですが、プラスチック原材料を仕入れて、バッタ売りでの現金で売っちゃうんですよ。それで資金を作っていた。だから倒産するのは見えていた。僕は学生運動をやっていたから倒産の前日に「これは前日に債権者がいろいろ取りに来るだろう」と思ったので、即席で労働組合を作りました。委員長に僕がなって。組合を作ると同時に賃金未払いがありましたから、倒産した日に工場へ行きました。浅草橋に本社があって、東町というところに工場があった。債権者が工場に物取りに来ると思ったんで従業員に「必ず物取りに来ると思うから、今日は残ってくれ」と言って社員を残しておきました。70～80人が残ってくれましたね。そしたら案の定来ましたよ。トラック2台にヤクザもんを乗っけて。こっちも必死で工場に入れないように押し返しました。最後は119番に電話して警察を呼んだりしてなんとかセーフでした。それから毎日僕は泊まりこみで処理しました。ヤクザ系の人に手形が回っていて大変でした。サルベージというんです。手形が回っていますから、それを引き上げるんですよ。百万円の手形を50万で売ったりしてね。

これは余談ですが、倒産してちょうど1ヶ月くらい経った時、本社から電話がかかって「すぐ来い」と言われました。それこそ8月頃ですが、白いスーツを着たお兄ちゃん達が5人くらいいるんですよ、「代表者を出せ」と。その時、僕の知っている人に下宿屋をやってる人がいて、そこへ社長を匿っておいたんです。代表者を出せと言われましたが、しらばっくれました。すると「おまえはなんだ」と言われたので「労働組合を作って一切の責任者をやっている者だ」と偉そうに言ったんです。そしたら向こうが「俺はそこらのとは違って大学を出て経済を勉強してきたんだ」と言うので大学を訊くと、なんと明治大学（笑）。「そうですか。でしたら、ちょっと私の名刺見てもらえますか」と言ったんですね。それで向こうに土屋源太郎という名前を見せたら「明治の土屋さんですか？」って（笑）。「あの土屋さんですか」と。その後は形勢逆転ですよ。後々彼をいろいろ使いましたよ。

結局会社はパンクしちゃったわけですが、1ヶ月分は退職金を貰えました。ところがまた食えなくなった。そしたらある日「あなたの話を聞いて面白いから一度会ってみたい」と言って、紹介する人がいたんです。「日本経営能率研究所」（社団法人）という有名な研究所で、テーラーの日本人の直弟子という荒木先生で、その荒木先生に僕の話が出て興味を持ったとのことでした。荒木先生に実際に会っていろいろと話をしたんですが、彼が「土屋君、君はね、日本を変えるとか偉そうなことを言っても資本の実態や原理を知らなければ変えられないだろう」と挑発するんですよ。それで「何もしなくていいから、遊ぶつもりで来い」と。それでこんな上手い話はないと思って…それが運のツキでした。

61年当時で給料が5万円くらいありました。それで本当に何もしないでいいわけ。でも3ヶ月くらい経って段々飽きてきた頃、「おい、そろそろ何かやるか」と言われたんです。向こうも僕が飽きるのを計算してたんですね。それで何をやったかと言うと、今で言うセミナーです。東大だとかの有名な教授を呼んできて人事管理や工程管理だとかのセミナーをやりました。人事管理に関しては早稲田の西尾先生にやってもらって、工程管理に関しては東大の古川さんだとか。その事務局を担当しました。

またランプを作っているスタンレー電気という上場会社があるんですが、そこへコンサルテーションを含めて調査に行ったこともありました。その時は人事担当の人に僕と同じくらいのがいて、僕がコンサルタントの名目でオルグに来ていると思われてしまった。それが会社で問題になっちゃって、それ以来行けなくなりました。成田の米屋の羊羹で新商品開発と市場調査もやりました。米屋の羊羹に行ったんですが、缶詰の水羊羹があるでしょ。あの発想は僕のアイデアですよ。

静岡に「日本レーベル印刷」という印刷会社があるんですが、当時、輸出用の缶詰のラベルを作っている会社で取引先は三井物産などの商社でした。そこに労働組合ができて大変だということで、その人が研究所に相談にきました。先生はその仕事を引き受けたんですね。誰も組合について分かる人がいなかったので、先生が僕に「お前は逆の立場からいろいろ分かっているから理事長に付いてやってくれ」と言われたんです。僕は最初「それは経営者が悪い」なんて偉そうなことを言いましたが、こっちも一宿一飯の恩義があったもので仕方なく行きました。ところが63年には静岡県でも有名な争議に発展してしまったんです。労働組合が分裂したりして大変なことになった。それで後始末も大変でしたから、先代の社長がどうしても僕をくれということになっちゃったんです。64年の暮れですから、まだ29歳の時です。僕は嫌だなと思いましたが、ここまで首を突っ込んじゃったら嫌とは言えなくなって…。これは余談ですが、娘が生まれたのがその年の2月でした。争議が3月です。娘は武蔵野日赤病院で生まれましたが、こっちは静岡にいて忙しいじゃないですか。ようやく病院に行ったのが生まれて4日目。それで僕の第一声が「なんだ、女か」でした。今でも何かある度にそのことを言われます（笑）。

まあそういうわけでその会社に移ったんですが、移る条件として3つ出しました。まず人事に関しては一切僕に任せること。二つ目は、僕は従業員の立場からやるのであってオーナーの岩井家のためにはやらないということ。三つ目は会社がある程度立ち直ったら辞めさせてもらうということでした。向こうは三つとも飲みました。それで行くことにしましたが、創業者の親父さんが心臓病で倒れて一年半くらい経って亡くなってしまいました。息子が一人いて副社長をやっていたんですが、もともと親父との仲が良くなかった。本社は東京で彼は本社にいて住まいも横浜なんだよ。僕は常務になりましたが、彼と僕とは経営方針が全然違いました。彼は従業員よりも自分が第一でしたから。それで段々亀裂が生まれて18年そこにいましたが、辞めることにしたんです。ところが、僕が辞めるならということで他の社員も辞めると言い出したんです。それでこの仕事（タクトグラフィック）を静岡でやることになりました。

僕は印刷なんてやるつもりなかったのに。それが21年前で、47歳の時です。

——現在の企業規模はどれくらいですか。

❖社員は90人、年商が15億5千万くらいです。

振り返ってみて

――では、最後に聞いておきたいと思います。60年安保にはどういう形で参加されたんですか？

❖直接的には参加していません。革共同で指導しましたがね。

――革共同としてはどんなふうに参加したんですか。

❖本来の方針としては、ああいう形で国会に突入するよりももっと大衆行動をきちんと起こしたり、労働組合をストライキに入れたりという戦術を取るべきだと指導しましたが、実際にはなかなか動かなかったです。しかし闘い方としてはそうあるべきだと思いました。まあ、負けは負けですがね。

ブンド内部が60年安保闘争に負けたことによって疲労感がどっと出て、やる気をなくしていったのが問題だったと思いますね。

島もやる気をなくしていきましたし。僕らが一緒になってやっていればもうちょっと違ったかも知れないね。

僕が今でも思うのは学生はどうしても理論に走りがちですね。そうすると些細なことで分裂していっちゃうでしょう。その結果が不必要に暴力的な組織が生まれたり…。そうなってしまったからここまで学生運動が退廃してしまったんだと思います。アメリカやフランスにも学生運動はあったんです。でも日本ほど衰退してしまった例は他にありません。勿論、今の若い人達の充足感などにも関係しているとは思いますが、僕はそこに責任の一端があるんじゃないかと思っています。最も純粋にものが見えて感受性を豊かに持っている層が社会に対して行動を起こせない、起こしたとしてもごく少数が非常に過激な形でしか表現できないというのは日本の悲劇だと思います。僕は日本の将来に非常に不安に思いますね。なかなか難しい問題だと思いますが。過激な行動をそれまですべてを否定する形にしたし、社会から疎外されて行くようになってしまいましたよね。

——今学生が何かをやろうとすると世間ではそういう目で見られてしまいます。

❖そうです。これは悲劇であり、喜劇であると思います。

——現在も日米安保条約は締結されております。40年以上過ぎた現時点では安保条約をどのようにとらえておられますか?

❖基本的には日米安保条約は私は否定しています、現在でも。イラク戦争でも明らかなように日本はアメリカ寄りすぎる。もっと日本は独自の外交を展開する必要があります。またわが国には憲法第九条があって、不戦ということが明確にされている。それを基本的に世界の中で日本の独自の意志を貫く必要があると思います。理想的には特定な国に組みせずに全方位外交を行うのが日本のあるべき姿だと思います。また世界でただ一つの原爆被災国です。核兵器のもつ恐ろしさをもっと世界に発信し、核兵器の廃絶に努力する必要があります。ただ現実的には非常に難しい問題があるというのは理解しています。

——最後にもう一つ。当時の全学連を振り返って何かありますか?

❖今にして思うと、砂川闘争の時もそうなんですが、沖縄基地闘争という大きな問題があったのに、そこまで目が行かなかったのは残念ですね。現実問題としては沖縄の基地問題がやはり大きいでしょう。原水爆運動の時に取り上げはしたけど、現実には運動にはなりませんでした。そこまで配慮できず沖縄の基地のために苦しんでいる人達との共闘が出来なかったことは心残りでした。

また学生運動を通して青春を充分に生きぬいたと云う充足感は自分の人生にとって大変有意義なものです。多くの友人に感謝しています。

※インタビューは二〇〇二年11月23日に行われた。記録は板垣麻衣子が担当した。

第四章

古賀康正氏の証言

【古賀康正氏の略歴】

- 1931年12月14日生まれ。58年東京大学農学部卒。ＯＴＣＡ(国際協力事業団＝ＪＩＣＡの前身)、民間会社、国連ＥＳＣＡＰ、コンサルタント業など。東南アジア諸国に約10年滞在。その後岩手大学農学部・農業環境工学科教授(農村地域システム学)、97年退官。著書は『遊びをせんとや生まれけむ』(徳間書店) 等多数。
- 学生運動では、東京大学農学部自治会委員長、東大中央委員会議長等を歴任。日本共産党東大教養学部細胞、東大細胞、東大職員組合細胞などに所属。ブント創立時の主要メンバーの一人。

【古賀才子夫人の略歴】

- 旧姓松崎。57年御茶ノ水大学入学。同大学自治会委員長。62年卒。69年より東京都の各所保健所で心理相談員。
- 79年より精神発達遅滞児のための「子どもの相談室・ぞうさんの部屋」を始める。

――本日は古賀さんのご自宅までお邪魔しています。60年安保当時のお話をお伺いできればと願っています。古賀さんはご自身の書物の中で、60年安保闘争についていずれ誰かが詳しく書くだろうとおっしゃっておられます。(1) だからご自分では余り書かないんだと。しかしながら、40年以上経った今でも、結局、余り多くの人が書いているわけではありません。そこで是非本日はお聞きしたいわけです。小島（弘）さん及び小野寺（正臣）さんは所謂森田派に属していた人たち、土屋（源太郎）さんは革共同の指導的立場にあった方、そして古賀さんはブントの創立メンバーです。特にブントの中心にいた島（成郎）さんや生田（浩二）さんは亡くなってしまいましたし、従って古賀さんのお話は非常に重要なものとなると思っています。

❖ブントの活動をだいたい全部知っているのは、結局、島以外いないんですよ。

佐伯（秀光）はブントができる前にいなくなっちゃた。

生田もブント創設には参加したけどその直後「俺はちょっと」と言っていなくなっちゃうしね。痔の治療で静岡に引きこもっていた。もっともその間島とは文通していたらしいが。59年後半くらいからまた現れ、60年1月の羽田闘争でパクられ、その後ブント崩壊までいたけれども。

冨岡（倍雄）もブント創設に至る時期は一生懸命学生をオルグしたらしいがブントをつくった後はあまりいなかった。

中村光男は最初からいなかった。ブント崩壊後に三井三池には行っていたらしいが。

そういうふうにみな最初から最後まではいたわけではないですから。私は最初からいたけれども大学を卒業しちゃったし、主たるブントの活動、つまり学生運動の中でのことは話に聞いているだけです。

結局、誰に聞いてもすべてはわからないわけで、一番知っているのが島だったんですね。青木は学生のことはだいたい知っているかも知れないが、忙しがっているからつかまらないでしょう。またあまり話す気もないみたい。

結局、多田（靖）が一番全般的に、学生運動も労働運動も知っているんじゃないですか。そのことは文集の彼の稿を見ても判るでしょうが(2)。

ですから、島が『ブント私史』を死ぬ前に書いてくれて良かったですよね。多田によると、「島は部分部分で誤魔化しているところがある」などと言っていますが。

定時制高校へ

——それでは詳しいところを順を追って教えて頂きたいと思います。小島さん、小野寺さん、土屋さんと3人の方々は生い立ちから入っているんですけれども、そのような形でよろしいですか？

❖私の生い立ちなど聞いたってしょうがないでしょう？（笑）。

——では少しだけお願い致します。まずお生まれは一九三一年12月ですよね。

❖そうです。その後のだいたいのことは『遊びをせんとや生まれけむ』(徳間書店）に書いてあるけれども。

——でも、これは独立したオーラル・ヒストリーですからお話し頂いてもよろしいでしょうか。

❖島が昭和6年生まれでしょう、生田は昭和8年かな。佐伯もたぶん生田と同じくらいですね。ですから、私は同輩の中ではわりと年を食っていたんですね。旧制中学中退です。

――どちらの？

❖今の新宿高校、昔の都立六中。4年のときに親父が死んで中退し、それからずっと働いていました。あるとき、元の中学の同級生が「お前、いくらもらってるんだい？　大学に行った方が儲かるよ」と言ってきたんです。「ただし、東大以外の大学ではお前はゼッタイ食っていけない」って。「私立は授業料が高いから問題外、国立大学はみな授業料は安いが奨学金はなかなかもらえない。お前は親父がいないから、東大なら特別奨学金を貰えるし確実に授業料免除になる」と。当時、普通の奨学金は月2千円、特別奨学金は3千円でした。だから当時勤めていた会社の給料とどっこいだし、割のいいアルバイトもある、本や文房具なんて人から貰やいいし、と。そう説得されて、東大へ行こうと思ったんです。

しかし、旧制中学4年中退だから大学受験資格がない。それで大学入学資格検定試験（所謂「大検」）を受ける必要があったが、その大検も中学5年が終わっていないと受けられないという。どうすればいいかと文部省に訊くと、「定時制高校に行って卒業するしかない」という。そこで定時制高校に行こうと思って新宿高校の定時制に行ったんです。そしたら「定時制高校の一年に入れてやる」と言われました。そんな馬鹿な話ないよね。既に高校の1年分終わってるんだから、少なくとも二年に入れてくれたっていいじゃないかと思いました。

当時、薬問屋に勤めていて、自転車に薬を積んで毎日都内の配達をしていたが、たまたま後にブントの最初の事務所ができることになる文京区元町辺りを通った時、文京高校があったので「旧制中学四年で辞めたんですけれども、おたくの定時制の何年に編入してくれますか?」と訊いてみたんです。そしたら、三年に入れてくれるって(笑)。高校によって随分違うんですね、どうなってるんだと思いました。それでここなら二年儲かると思ってそこに入れてもらったんです。

定時制3年に編入されたのが9月でしたから在学1年半で卒業できたので、新宿高校定時制に行くより2年儲かったと思ったんですけれども、東大は受けても受けても落っこって、結局4回目に受かりました。つまり三浪。もし新宿高校に行っていたら現役で受かったかもしれないから、結局どっちが得だったか判りませんね。文京高校っていうのはそう言っちゃ悪いけど程度が低いから、勉強しなくてもいつもトップだったんです。やれ平和運動だなんだかんだとやっていて、ろくに勉強をしなかった。

生田にオルグされ

❖東大にはいったら、先輩たちが新入生の中から誰を共産党にピックアップするかという感じで待ち構えていました。駒場の寮は貧乏人しか入れてくれないが、入寮申し込みのときにどのクラブの寮室に入りたいかという希望を書かせます。その時、社研(社会科学研究会)とか歴研(歴史研究会)、中研(中国研究会)、ソ研(ソヴィエト研究会)などと書くやつはアカだろうということでオルグしてくるんです。

私は第一希望を人間学研究会とし、第2以下に社研、歴研、中研、ソ研などと書いたものだからすぐに捕まっちゃってね。相手は生田です（笑）。その後、毎日のようにオルグされて「それなら入るよ」って言いました。

——入学されたのはいつですか。

❖一九五四年です。

——「六全協」の前ですね。理系でしたっけ？

❖理二（理科二類）です。本当は理一に行きたかったんですが、もうこれ以上落第を重ねるのはいやだったから。

——生田さんにオルグされてすぐに共産党員になられたんですか。

❖前から社会党左派の言ってることが正しいんじゃないか、などと思ってましたが、それは違うと諄々と説かれ、彼の言うことに同意するようになり、ついに「それなら入党しろ」ということになる。「共産党員になる踏ん切りがつかないなら、とりあえず民青に入れ」などと言われて憤然として入党しました。

——その後は？

❖駒場（教養学部）では学生自治会の書記長などをやり、55年から共産党細胞のキャップをやらされたのかな。六全協の前あたりから共産党の組織も学生組織ももう崩壊状態ですね。六全協以後、「俺の青春をどうしてくれる」などと情けないことを言う連中はでるし、山村工作隊だか地下活動だかをやってたのがぞろぞろ出てきて腑抜けたようになっていたし。

55年の暮れくらいから学生運動はこのままじゃいけないということで、廣松（渉）や中村光男、伴野（文夫）が三人で『日本の学生運動』(新興出版）というのを書いたでしょう。廣松は例によって小難しいことを書いているけど。授業料値上げ反対から始まって学生運動が息を吹き返して行くわけですよね。

私はまったくの劣等生で、駒場を退学にならず翌56年3月に本郷に行けたのは全くの運でした。授業にはほとんど出ず、教室に行っては授業の始まる前にアジ演説し、先生が来たら入れ違いに教室を出てくるようなのですから。試験だけは受けて他科目の最低単位だけはなんとか取れたが、ドイツ語の単位だけがどうしても取れない。それがなければ本郷に進学できず、留年となる。そうすると奨学金も授業料免除も取り消しになるから退学せざるを得ない。

ドイツ語の教師は授業に出ないやつには絶対に単位をやらないと言う。「他クラス聴講」といって、一学年下の教室の聴講生となって単位を貰って来いと言われました。しかし、そこに行ったたって勉強してないから単位なんて貰えるかどうか。その「他クラス」のドイツ語教師は、出席簿順に一人ずつあてて1パラグラフごとに読ませて和訳させるんですけれども、私の名前は出席簿の最後、和田、渡辺などの後にのっている。それで、最後に「コガ」と呼ばれるんですが、返事しようとしたら、「はい」と言って立つやつがいるんですよ(笑)。もう一人「コガ」っていう人がいたんですね。クラスのみんなは私が聴講生で来ていることなど知らないし、変なところに飛んだわけだから、みんな自分のあたるところが狂ってしまうから慌ててね(笑)。そのコガ君はたいそう出来がよくて、すらすらと読んで訳してくれて、本来の順番のときにもまた当てられてちゃんとやってくれる。彼のお陰で私はドイツ語の単位を貰えたんです。

それで成績は下から2番目ですが進級できたんです。まだ下がいると思ったら、その人は長期欠席だったそうで、実質上ビリでした（笑）。

――教員の私が言うのもなんですが、ラッキーでしたね。寮というのはその後出なくてはいけなかったんでしょう?

❖駒場寮は駒場の教養学部だけのものですから。

本郷に行ったら、今度は社研の友達が住みこみ家庭教師の口を斡旋してくれました。三食メシ付きで、こんないい話はないと。品川にある日興證券専務だか常務だかの家に住み込んでそこの坊やを教えるというわけです。わざわざ離れまで建ててくれてそこに坊やと私が一部屋ずつ。

ところがこっちは昼間は大学、遅くまで活動をやって夜中しか帰ってこない。子供なんか全然教えないし、そのうち郵便物からみて「こいつはアカじゃないか」ということになり、追い出されました。半年かそこらでした。

その後は農学部近く、本郷千駄木町の下宿に妹と祖母と一緒に住みました。妹はそれまで横浜の日産の工場に勤めてそこの寮に寝たきりの祖母と一緒に住んでいたのですが、そこを退職し東京でタイピストの仕事をして私と一緒に暮らすことにしたわけです。

――横浜にいらしたおばあさんを千駄木に連れてきたんですか。

❖そうですね。トラックを借りて、それに私の作った木製のベッドごと祖母を載せて。

妹は勤めに出るから二人で交代で看病することになったわけ。私は東大の学生自治会の部屋に「古賀印刷」というポスターを貼りだして注文をとり、妹にタイプを打たせてそれをガリ版で印刷したりもしました。小木（和孝）が医学会議事録などの注文をくれたこともありました。駒場寮にいる頃には寮内に「雨傘修理」の看板を出して少しは稼いだけれど、それよりは割がよかった。

祖母は寝たきりですから、食事や排便のため帰ってきてまた戻るという生活をずっとしていました。食事は妹が作ってくれました。60・1の羽田事件でつかまったときなどは妹がずっと見てくれたようです。

「クリスマス島」で逮捕され

――それで、本郷では？

❖まあ、相変わらず学生運動やら党活動やらいろいろやっていました。

――それが56年4月からですね。砂川の方は。

❖砂川は56年9月ですね。私は農学部でしたが、その頃は六全協のあとで、どこの学部の自治会も崩壊状態でした。本郷に進学するとすぐに学生自治会の委員長選挙があり、それに立候補して委員長になりました。その時の副委員長は今村奈良臣でした。彼はそのときはまだ党員だったのかな。今は経済学会の親分のようですね。当時あいつは全然仕事をやらなかったな。農学部の自治委員長は、私の後は陶山（健一）がやりました。

農学部の自治会の活動というのは、要するにビラをまいたり討論をしたりしてそのときどきの政治問題を取り上げていろいろな活動をする、そのために丹念に各学科・研究室などをまわって活動家を見つけたり、オルグしたりですね。

砂川闘争もそのひとつ。56年も57年も何度か行った覚えはあります。東大の学生を連れて行ったのは確かです。砂川ではみんな体育館か何かに泊まったんですが、私は砂川に親戚がいるのでそこに泊まりました。そこのうちで60 ccのこわれたバイクを貰って帰ってきた覚えがあります。自転車にエンジンをつけたやつ。

——砂川の時は捕まってないですよね。

❖パクられたのはいつだっけな…、クリスマス島の水爆実験の時だ。

——57年3月です。

❖その時は、塩川（喜信）と私とがパクられたんですよ。当時私は農学部農学科の栽培教室というところにいました。この教室には野口弥吉という農学界の大先生がいたんですが、後で聞いたところによると学部で逮捕者が出たということで、教授会が開かれその席上「そんなやつは即刻退学させるべきだ」と言ったのが野口先生だったそうです。ところが育種学の松尾孝嶺先生というこれまた大先生ですが「若いやつはそのくらいやるよ。そのくらいで退学させていたらきりがない」と言ってくれたんだそうです。その発言で退学を免れることができました。それから何十年も経って松尾先生にお会いしたとき、そのときのお礼を言ったら、「そんなことあったっけかな」と言っておられました。両先生とももう亡くなられましたが。

その時は3週間くらいで出て来ましたね。そうだ、あの時は私が東大の中央委員会議長をやっていたからパクられたんだった。

――57年3月のクリスマス島の時はどういう罪状ですか。

❖例によって「公務執行妨害、暴行傷害」ですよ。クリスマス島でイギリスが核実験をやるというのでイギリス大使館にデモをかけたんです。当時塩川は都学連の委員長でした。あの時は何人かパクられたんだけど、みなすぐ釈放されたんですが、二人だけが起訴されたんだった。

「暴行傷害」なんていっても証拠も何もないんですよ。学生と警官とが揉み合っている最中、誰が誰を蹴っ飛ばしたかどうかなんて分からないじゃないですか。蹴っ飛ばすなんてことは、向こうの方があの頑丈な靴で遠慮会釈なくガンガンやっている。それに対してこっちが運動靴なんかをちょっとあげれば、「あ、蹴った！　はい、逮捕！」なんて言うわけです（笑）。それでもう、裁判になると茶番だよね。「学生はどっちからやってきて私をこう蹴りました。私は怪我をして…」なんて言って警察病院の診断書を出すんですよ。「全治何週間の怪我で…」と（笑）。こういう見えすいた「証拠」を信じるふりをして平然と有罪判決を下してくれる裁判官とは、実に面白い商売ですね。一度でもこういうのを経験しておくと、「公正な裁判」なんて幻想はふっとぶ。

――その後は何を？　もう4年生ですよね。

❖学生運動と党活動で毎日忙しかったです。

東大学生自治会中央委員会

――党活動と言うと?

❖要するに共産党の東大細胞で、いろんな人をつかまえては説得したり、会議をして運動の方針を論じたり、そのためのビラやパンフを作ったり、学生自治会のてこ入れをしたり、共産党文京地区委員会を手伝ったり、きりがないですね。共産党東京都委員会に頼まれて、「日ソ交渉の経過と問題点」などというのを調べてパンフを作ったこともありました。

東大細胞と多くの学生細胞は一貫して党中央に批判的でしたが、東京都委員会や文京地区委員会も改革派が一時、多数を占めたことがあります。東大細胞と全学連書記局細胞から柴垣(和夫)、森田(実)、佐伯など何人かが文京地区委員になり、党中央の提起することとは違った当面の行動目標やその理由(それらは党改革の必要性を暗示する)などを活発に論じました。しかし素朴に党中央を信仰している居住細胞や労働者細胞の間からは、「学生は理屈ばかり言ってて何も日常活動はしないではないか」というような反発があり、それを反駁するために生田と私とが文京地区内のアカハタ配布を請け負って毎朝新聞配達をして回ったようなこともありました。

東大細胞機関紙『マルクス・レーニン主義』ができたのもあの頃だな。最初この機関誌の名前を「マルクス主義」にしようという案があったが、佐伯は「レーニンの名前を付け加えることが絶対に必要だ」と頑固に主張した。しかしその理由は言わない。今考えると、あの頃すでにトロツキストたちの動きが水面下であったから、それとは一線を画すことを明確にするつもりだったのでしょう。

学生運動では、私は東大中央委員会の議長でしたから全学連の中央委員にもなっていたので、地方の大学のオルグなどをしたこともあります。

東大の学生自治会中央委員会というのは何か、ご存知ですか。

——いいえ。

❖東大本郷では8つの学部ごとに学生自治会があるんですが、その自治会の代表で中央委員会というのを構成していて、本郷の自治会をまとめる役割を持っているんです。それが東大経済学部の学生自治会である「経友会」の部屋に同居していました。

部屋といったって、長い机と椅子と謄写版があり、電話が1つあるだけの芥溜めのようなものです。そこに活動家の学生がいつもたむろして議論したり、会議を開いたり、謄写版を刷ったり、疲れ果てて紙くずの中に頭をつっこんで寝込んだりしていました。

——つまり東大の学生自治会を包括する学生自治会中央委員会の議長を古賀さんがやっていらしたということですね。

❖その歴代の中央委員会の議長が誰だったかについて多田が書いているでしょう。(3) 砂川当時が鬼塚豊吉、次に生田、そして私、その後が、高村直助、陶山健一、斎藤省吾と続きます。私の前が生田でしたが、「俺は都学連に出るからお前がやれ」ということで私がなったんです。

——議長の役割というのは？

❖中央委員会は、東大の学生全体として何を取り上げ、どのように意志を示すか、行動するか、そのために各学部の学生自治会の方針を調整したり、協力したりなどを論ずるわけですね。その纏め役みたいなものでしょう。

――組織としてはどのくらいの人数ですか?

❖中央委員会は各学部の自治会委員長から成っていますから8人です。形式的にはそうなっていますが、委員長の代理や熱心な有志活動家も出てきたりします。だから中央委員会の「決議」だとか「決定」などといっても、実際には東大本郷の一番活発な活動家の集団の意志みたいなものでしょう。

各学部の自治会委員長はたいてい党員だから、中央委員会も党員の会議みたいになってしまうことが多いけれど、ときには非党員が居ることもあるし、一般学生の組織である学生自治会の方針を論ずるわけだから、性格からいって党の組織ではありません。しかし、もちろん党員は党の観点からものを見ることになります。

東大細胞機関誌『マルクス・レーニン主義』

――島さんはその頃はもう…。

❖島は東大細胞のキャップはやったことはないのではないかな。私が本郷に行った時(56年4月)のキャップは柴垣和夫でした。今は東大を退官して名誉教授になっていますが。指導部(細胞委員会、LCと呼んでいた)の主な顔ぶれは、佐伯、正村(公宏)、生田、遠藤(幸孝)など。島や森田も当然もっとも有力なメンバーだったけれど、彼らは私が本郷に行くのと行き違いぐらいに全学連に出て行ったようですから、その後の東大細胞の活動にはあまり直接の関係はないでしょう。

のちにブントの機関紙『戦旗』の編集長になった大瀬（振）が書いているように、彼なども島とはあまり直接の関わりはなくて、むしろ生田や私などとの関わりの方が濃かった(4)。

島は全学連での大衆活動の方がメインでしたから、少なくとも56年以降は東大細胞とはあまり直接の関わりはなかったでしょう。のちに共産党東京都委員になってからはそこで活躍するわけですが。これは武井（昭夫）さんが書いているとおりです(5)。

東大細胞機関誌『マルクス・レーニン主義』も、佐伯や生田が中心となってやったんです。そういうのがブントのイデオロギー的基礎を形作ることになって行ったんです。島はその上にポンと乗っかったというか、そういう感じなんですよね。生田とは共産党大会代議員同士としていつも話をしていたかも知れませんが、私は知りません。

スターリン主義はもう駄目で本当のマルクス主義ではないし、中国もソ連も共産主義ではないという考えがはっきりし始めたのは57年の半ばくらいからですかね。その頃から「経友会」にトロツキー連盟や第四インターの刊行物がさりげなく置いてあったんですよ。当時トロツキーなんて国際共産主義運動にとっては極悪人でしょう。「真面目」な党員はそんなものは決して読まないけれども。ところが、生田や佐伯なんかはずるいから、表では批判しながら、裏ではそういうのを持って帰ってきてこっそり読んでいたようです。それらの指摘などによって『レーニン全集』がスターリンによって改竄されていることなどにもだんだんと気づいたりしてね。

その頃第四インターや革共同などの組織は、もちろんサークルの域を脱しないものですが、ぼちぼち注目を集め始めていたんじゃないですか。黒寛（黒田寛一）の『探究』という雑誌がありましたよね。それが私のところにも送られてきて読んでみると、なかなかおもしろいじゃないかと。しかしそういうことは口には出せません、お互いにね。でもそのうち、お前もか、お前もか、ということになって…。

日本共産党がおかしいのは最初から分かっていたけど、国際共産主義全体がどうもおかしいのではないかと思いだしたのは、やはりスターリン批判以後でしょうね。カーメネフもブハーリンも、誰も彼もみな殺されちゃうあの大粛清はいったい何なんだって。ちゃんとした知識人ならみんなそのことにとっくに気づいていたんですよ。しかし、我々はそういう歴史についてまるで無知だったんですね。毎日演説だ、オルグだなんてやってて、肝心のことはまるで知らなかったんですね。林達夫の『共産主義的人間』なんて本はとうに出版されていたのに。無知と盲信は恐ろしいですね。

――それが大学4年生の時ですよね。卒業は4年で？

❖なんとかできました。理系ですから解剖したり実験・実習したり図を書いたりしなくちゃいけないんですけど、級友が手伝ってくれました。

――卒業されたのは58年3月。

❖そうですね。

――その後は？

❖その後すぐ、東大職員組合が書記を探しているというのでそこに行きました。職員組合の書記っていうのは給料が貰えるのですよ！　学生運動ではビラを配るったってプラカードを作るったって、インクから紙から材料からすべて身銭をきってやっていたのに、労働運動では活動をするのに何から何まで組合の金で自分の腹は一銭も痛めず、おまけに給料が貰えるなんて夢のようでした(笑)。その夢のような職員組合の書記になったのが58年4月。その年の12月にブントを結成して、翌年1月、島が「やらねえか」というので、また1年足らずで一文無しのブントの常任になりました。58年12月10日でしたね、ブントの結成大会は。

――ブントに関わっていく年が58年ですが、その前に共産党と学生が袂を分かつ事件がありましたが。

❖「6・1事件」ですね。学生たちが本部で共産党の紺野与次郎とその手下の津島らをぶん殴って、共産党中央委員の罷免決議をして全員クビになったというやつでしょう。僕は4月からは職員組合の運動にかかりきりで、学生たちの動きはもう知らない。それを後から聞いて、行ってみたかったなと思ったんですけれども。

そうそう、私はその時分はうちで寝ていたんだ。東大職員組合の書記になったのが4月ですけれども、5月頃、国際共産主義運動の歴史を振り返りマルクス主義についてもう一度基本から見直すための、学生たちの勉強会みたいのがあったんです。青木(昌彦)の別荘が藤沢かどこかにあるんですが、そこに私も呼ばれました。青木が「古賀さん、資本論の講義してよ」なんて言うから、「資本論なんて読んだこともないよ」と返事したら、「資本論なんて一週間もあれば読めるからさ」なんて言う(笑)。恐ろしい男がいるもんだと。その研究会で、休憩のときみんなで相撲をとった。私は相撲にはいささか自信があるから片端から投げ飛ばしていたが、東大文学部の学生で吉沢というのが小さいのになかなか強い。丸顔で愛嬌のある男。あとで革共同にいったのじゃないかな。そいつに手こずり、えいっと彼をぶん投げた拍子にギックリ腰で意識不明になっちゃったんですよ。どうやって運んできてくれたのか、気がついたら千駄木町の下宿でした。

2、3日してから東大病院にいったら丸裸でうつぶせにされ、看護婦が寄ってたかって背中と腰にガーゼを石膏でべたべたと何層にも貼り付けて撫でまわし、しばらくして固まったらそれをはがして、ちょうど人間の繭のような、ミイラの型のようなものを作った。それを持ってかえってその中にじっと寝ているように言われました。

それで1カ月くらいほとんど動かずに寝てたんですね。その間に「6・1事件」が起こったようです。

4月以降は職員組合の方でやっていましたから学生の動きとはあまり関わりがなくて、12月10日ブントの創立大会の時に、その直前まで革共同とどうするこうするという話があったようですが、その辺のことはあまりよく知りません。

東大細胞とブント

——先ほどおっしゃられた点に戻りますが、ブントというのは、東大で下地が出来ていて、そこに島さんが乗ってきたという構図なんですね。

❖そうとも言える。乗ってきたと言うか、引きずり込んだと言うか。その前の共産党大会で、島と生田が代議員になって出ましたよね。58年じゃなかったかな。その頃から、島は話が分かるやつだということになっていったんだと思います。もちろん、まだブントという名前はなかったけれど、島も取り込んで別党コースをとろうという…。

——別党コースという発想は島さんが中心となっていたわけではないんですね。

❖いや、島も別党コースで行くしかあるまいとは考えていたようです。なにしろ今の共産党の改革なんて絶望的だということは日に日に明らかになってきていたのですから。しかしそういうことは重大な問題だから、誰も軽々しく口にはしない。しかし東大の連中よりも島の方が別党コースにはよほど慎重でした。日本共産党のみならず、全世界の共産党を相手に回して別個の組織を作るなんてことがそう簡単にできるはずはない。やるとなったら命がけだ。その困難さを東大の連中よりも島の方がよく認識していたのかも知れません。

——島さんの前に東大細胞の中でそういう話があったんですか。

❖そうですね。

——その東大細胞の中心は古賀さんですね。

❖いや、違いますよ。生田、佐伯、青木、冨岡など。私なんぞは付けたしですよ。そこに島が時々参加するという感じでしょう。

——それは本郷の中央委員会ですか。

❖中央委員会というのは学生自治会の一般学生の組織。もちろんそれには党細胞の絶大な影響力はあったけれど、これはあくまで大衆組織。

いまある代々木の共産党とは別の組織を作ろうというのは東大の共産党細胞が考えていることですから、まったく別の次元のこと、政党の問題です。

——では、共産党から別れるわけですから、どこかに別の組織があったのでは?

❖共産党東大学生細胞（および東大職員細胞）の中の有志が集まって別党コースで行くべきではないかというフラクション（分派）をつくっていったわけです。だが、それがばれたらヤバい。

当時の共産党の組織では、いや今でもそうなのかな、分派を形成するというのは重大な反党行為です。万一それが早期に露見して党中央の弾圧キャンペーンが全国に広がったら、改革派の同志たちは反革命分子とされて孤立し、党組織内での説得力を失う。だから、ふらふらしているやつには一般的な説得だけで、組織をどうするというような立ち入った話はあまりせず、絶対に信用できる連中だけで結集を固め、少しずつ仲間を増やしていった。冨岡が言うところによると、私も「危ない」から一時期はずされていたそうですが。

——ブントとしての組織の形が出来始めるというのはどのくらいでしょうか。

❖58年11月でしょうね。

——その時の中心人物っていうのはさっき言った5人ですか。

❖そうですね。島、生田、佐伯、青木、冨岡。それに早稲田の小泉(修吉）と片山（迪夫)。学生たちの間で話は進んでいたでしょうが、私が呼ばれたのは9、10月頃だったと思います。

全学連、都学連、その他の大学でも、共産党にわからないように早稲田、法政、明治などそれぞれ組織して行ったようです。それには冨岡が大きな働きをしたようでした。早稲田は小泉、片山。片山はブント創立まではいたんだけど、その後は影が薄くなっちゃった。

——設立の経緯というのは何かあったんですか。名前をどうするのかとか。

❖上の5～6人で、大雑把な綱領のようなものを決めた。名前は「マルクスの作った共産主義者同盟が良いんじゃない」って青木が言い出しました。それで「略称はブントにしようよ」ってこれも青木。みんなそれが良いということになって。佐伯の実家の横浜の宝生寺で。

――佐伯さんのご実家はお寺だったんですか？

❖そう。それで書記長を誰にするかっていうことになって、冨岡が「それは当然島だろ」と。一同異議なし。そうしたら、島は「ちょっと考えさせてくれ」って…。彼はもったいつけるのが好きでね(笑)。しかし、彼は「死人が出るかも知れない。やるならそれなりの覚悟が要る」と言う。

本部は島の自宅だったたって誰かが書いていたけど、そうだったのかな。まあ、一時はそうだったかもしれません。しかしまもなく文京区元町に「世界労働運動研究所」という表札をぶら下げたブントの事務所を作ったんですね。あれは創立大会の一ヶ月後くらい、つまり59年1月ごろでしょう。そういうことをやったのは香村正雄。島が「事務所を作ってくれ」って言えば、香村が「うん」って。

香村は東大教養学部新聞の編集長から全国学生新聞連盟の書記長などをやっていたことがあり、ブントや社会主義学生同盟などの機関紙・誌を刊行したのもすべて彼です。彼を抜きにはブントを語れません。どこから金を作ってきたのか知らないけれど、後で聞いたところによると親父を騙したりなんだりしていたみたいですが、事務所・印刷所の設営から機関紙・誌の発行まですべて彼がやった。彼がいなかったら『共産主義』『理論戦線』『教育労働者』などの雑誌も『戦旗』という新聞も出なかったですよ。島は後で「香村らの存在がなかったらブントも安保闘争もあのようにはならなかった」と言っています。(6)

このブント事務所は水道橋の駅から能楽堂わきの坂を登って桜陰学園のすぐ近くで、アパートの1階の入り口にある3坪ほどの床板張りの部屋。電話は管理人との共用。最初の頃常駐していたのは私と樺（美智子）さん。学生たちはそう遠くない金助町の全学連の事務所に行っているからほとんど来ない。島もあまり来ない。

森田派

――ブントの創立メンバーは森田派あり、革共同あり、ブントオリジナルの方々あり、ほとんどの活動家が網羅されています。メンバーはなんでもこいという感じになっていますが、そこらへんの経緯は。

❖森田派っていうのはね…。要するに、森田（実）は抜群の組織能力、天才的な弁士、ホラ吹きで、しかしその法螺を吹き当てることがある。まったくほとんど何もないところから運動をでっち上げるんですよ。学生に対して「総評も既に決意を固めて」なんて言って鼓舞する。その時総評はなんにも知らないわけ。そしたら今度は総評へ行って「学生はこれこれを決めた」と言って、その気にさせる。そういう能力があるんですよね。彼は全学連という手駒をもって総評の高野実さんや日教組、当時は平垣書記長でしたかね、そういう人たちと対等に渡り合って大規模な大衆運動を現実化させる。砂川闘争は彼の活躍・能力がもっとも発揮された例ではないでしょうか。

しかし、実際には大衆運動を展開するには、それを確信を持って推進していく中心的な核がいなければならない。遠大な革命の見通しを持って、そのための哲学や理論があって、個々の局面でそれを現実に照らし合わせて、行動を提起する。もっともらしく脚色して大衆へアジるわけです。

しかし、森田派と呼ばれる人たちは、国際共産主義運動の誤り、スターリンの罪悪、その思想的根拠などについて、あまりピンと来ていなかったようですね。日本共産党がおかしいこともその個々人の資質や行動などに矮小化されてしまう。そうした傾向を批判する連中を「トロツキーかぶれの学生どもが」と言って片付けちゃう。「とにかくトロはいかんよ、トロは。刺身のトロはいいけど、トロツキーはいけない」と言う。まあ、人は善いんですよね。小島、小野寺、伊藤(嘉六)、みんないい人たちでしょう?

例えばマルクスの『経哲手稿』(経済学・哲学手稿)や『ドイツイデオロギー』などは当時の左翼学生の必読書であり、初期マルクスの疎外論などをみな論じていた。しかし、「そんなの読んだって明日のデモをどうするんだ」というようなのが森田派でした。そりゃあ、明日のデモは重要ですが、そういうところをはっきりさせておかなかったら何のためのものの考え方か、ということでしょう。

革共同からすれば森田派なんてのは「左翼スターリン主義」そのものですから、彼らを絶対に排除しようとするんです。そのことは島記念文集に出ている守田(典彦)の文(303頁)などでもうかがえます。他方、森田派の人たちは、革共同のことを「あんなトロの嫌らしい隠微なやつら」、「大衆運動も組織できず観念的遊戯にふけっている連中」と思っているわけです。

それで島や東大の連中は「まあまあ、そんな喧嘩ばかりしないで、もう少し仲良くやれば良いじゃないか」という感じでした。とくに島は森田の能力を高く買い、森田も最初は労対部で労働運動を引き受けるという姿勢でした。しかしその後は結局、森田派の人達はだんだん潮が引くようにいなくなっちゃったんですね。革共同系のひとたちはブント2回大会以後は消える。

ブントの初期、森田は、労働運動はまず「社青労同（社会主義青年労働者同盟）」というのを作って進めようということで、新宿三幸町に同じく「世界労働運動研究所」という看板を掲げた事務所も作ったんです。森田が中心となって東大歴研に居た平尾三郎を使って社青労同機関誌『労働前線』という雑誌を2号まで出しました。この雑誌はちょっとひどいんですね。国鉄・全電通などの幹部の連中の座談会と称してまったく架空のものを掲載して手ひどい抗議を受けました。新宿の事務所も半年足らずで閉鎖し、森田はいなくなり、社青労同という組織も消え、以後はブントの名で労働者活動をするようになりました。

森田は砂川闘争の英雄ですね。あの時のように、学生と労働者組織を一つのマス（mass）として動かして行くことに意味があるという。それはその通りだろうけれど、いつもそうできるとは限らない。ある状況が展開したときにそうできるためには、それを推進できる革命的な自覚を持った集団がいなければならない。私たちは、そうしたものをこつこつと作っていかなくちゃだめだ、ということを言っていた。そうすると、彼等はそんなことでは大衆運動はうまくいかないとか思ってたんでしょうね。そんな陰気臭い喫茶店オルグじゃ駄目だと。それよりも景気よくアジ演説をぶてと。その辺にすれ違いがあったんじゃないでしょうかね。しかし、森田は凄い能力をもつ、気持ちのいい男だったですよ。今でも尊敬し親しみをもっています。

しかし実際には、執念深く労働組合に入っていって「これは」と思って目星をつけた人間を順々にオルグしていくと、いざという時にそういう人たちが思わぬ力を発揮するのです。森田流にいえば、「あんなやつはヒラだから口説いたって仕方がない、まず委員長や役員と仲良くなることだ」というのかも知れませんが、委員長なんてダラ幹で組合を利用して出世しようと思っている連中かもしれない。ただのヒラでもちゃんと考えている人をつかまえて徹底的に論争し、「本当に革命を目指すのか。それはどういうことなのか。今の共産党や社会党でいいのか」を自分で考えてもらうんです。危機のときにはそういう人々が既成の指導体制や枠組みを吹っ飛ばしてものを言う。

安保闘争が深まってゆくあたり、59年の11・27の時からそうですよ。既成の組合指導部としては「非合法に国会に入ったりしたら大変じゃないか」と動揺する。総評、共産党は「早く国会から出ろ」と叫び立てる。組合も組織として段々既成の秩序が崩れていったんですよ。「委員長、それはおかしいんじゃないの、国会は国民のものなんだから入ったって良いじゃない」という声がだんだん大きくなっていったんです。

60年4月以降はもう明らかにそうなわけですよ。総評から命令があったって、おかしいじゃないかという主張をする力が大きくなって行ったんです。ですから60年6月には学生だけじゃなく、労働組合も何十万という人が集まったじゃないですか。種を蒔いておけば危機の時には、既成の組織の枠を越えて人が動くんです。森田流の労組幹部とのボス交渉的な取引だけではそういうふうには行かなかったと思います。

ブント労対

――わかりました。ところで、ブントの方をやるために職員組合のお仕事は辞められちゃったわけですよね。勇気のいることではありませんでしたか？

❖だって昔から「お天道様と米の飯はついてまわる」って言うでしょう？　それにまだ一人でしたし、生きて行くには何だってできると思っていました。

――そこでの役割というのは？　島さんの言葉を借りると古賀さんは「ブント初の職業革命家」になります。

❖ブントの書記局員ということで、まあ名前なんていうのはあまり関係ないですよ。大衆運動の時は肩書きはある程度関係がありますけれども、要するにやりたいやつがやるだけの話。私と樺さんがブントの事務所にいて、森田が社青労同の新宿の事務所にいて。労働組合の争議の応援に行ったり、集会に行ってビラをまいたり、これはと思うのをつかまえてオルグしたりしていました。組合の研究会などがあるとオブザーバーとして発言して、それに反論してきたりするのの中に「お、いいセンスだな」と思ったら後で声をかけて親交を深めたり。そういうことをやってたんですね。

争議の応援と言ってもこっちは部外者ですから、ここに看板を掛けたいと言われたら材料を買ってきて書くとかね。使い走り、便利屋ですよ。そうしているうちにそこの連中と仲良くなって、段々内部に入っていったんです。

学生は「あいつらは労対（老体）だから」なんて言って揶揄していましたが、本当はそういうのが後の労働組合の革命化の種になっていたんですよね。
労対部長は鈴木（啓一）、初めのうちは大島（芳夫）、佐藤（正之）、広瀬（昭）あとから多田、常木（守）、陶山（健一）、高橋（昭八）、菱沢（徳太郎）、榊原（信弌）、葉山（岳夫）ら。教師集団は倉石（庸）を中心に、ま、こういうことは多田の文章にみな書いてあるから。

――名刺か何かを交換するんですか。

❖いや、そんなものを作る金もないし発想もない。
初期に社青労同の名で活動していたときには『青年労働者』というガリ版刷りの機関紙を作ったんですが、今では一部も残ってないようですね。私は鷹巣順平という筆名で書きました。それを持っていって話の糸口にしてやっていたんですね。社青労同が消えて以後はブントの出版物を使いましたが。しかし最初からそういうふうに話しかけるとビックリされてしまいますからね。世間では、いや活動家の間でも、ブントなんてのはトロツキストの過激派で共産党からも反党反革命分子とされている、ということになってますからね。話は相手の反応を見ながら少しずつ……。

――その頃は共産党員ですか。

❖いいえ、違います。党員はブントを作る時点でことごとく除名されていますよ。

――古賀さんも除名されたんですか。

❖私は除名されたんだかされてないんだか、知りません。昔はアカハタに除名者の名前を載せていましたが、その頃になると何百人、何千人だから共産党もいちいち発表してないんじゃないでしょうか。

――ペンネームは鷹巣順平だけですか。

❖それは『青年労働者』に書いた時だけで、他には坂田静朋、あと『マルクス・レーニン主義』では岡田行男という名前で書いていました。ブントの『共産主義』には坂田でも岡田でも書いてます。

――それから、出版等も担当されたと島さんが書いておられますが。

❖機関誌『戦旗』の印刷所を作ったのは、先程言った通り、香村です。羽田でつかまって3月に出てきて印刷所、これは最初は江戸川橋、のちに東大久保に移りましたが、東大久保での経営をやっていました。

　経営って言っても要するに零細印刷屋ですよ。文集の中で山本庄平が書いているでしょう、ブント印刷所のことを。(7)『戦旗』は、60年1月1日に発刊されたんですが、大瀬が編集長をやっていました。その印刷や発送・経理などの実務をやっていたんですよ。

「羽田」で捕まる

――ではそろそろ、60年安保の方に入らせてもらってよろしいでしょうか。ブントに樺さんの入ってきた経緯などは。

❖樺さんはなんでブントの事務所に来てくれたのかな。島が頼んだのかな。全然覚えてない。事務員をやってくれる人いないかな、といって頼んだんでしょう。そのうちに、東大文学部学生自治会の副委員長になったので、樺さんがブント事務所にいたのは2、3ヶ月じゃないですかね。

――そうですか。樺さんが好きだったSさんっていうのは(8)…。

❖あれは佐野（茂樹）だってことになってますね。

――佐野さんだったんですか？

❖いや、真偽の程は知りません。そういうことになっているようですよ。高校が一緒ですし。本人に聞いたことはないけど。「Sとは俺のことだよ」、「樺さんは本当は俺と結婚するはずだったんだよ」などと、言う人が何人か居ますからね。あの人はそう思わせる人だったのかな。樺さんの言うSさんは多分佐野だったろうな。

――では59年の11月27日あたりからお聞きしたいと思います。さきほど参加されたとおっしゃられましたが。

❖私は行った覚えがあるんですが、どこと一緒に行ったか覚えてないんですよね。

みんなが国会構内に入っちゃったら、宣伝カーの上の共産党の神山茂夫が「諸君は目的を達成したのだからすぐ解散せよ」などと言うので、この馬鹿といってその足をボコボコ殴りましたから、行ってたことは確かです。

11・27の報告を陶山が実に感動的な文章にしたビラを書いたんですよ。どこかに残っていませんかね。あれは陶山の稀代の名文だった。

――その前後のご記憶ございますか。12月に入りますけれども。この時は捕まってないですよね。葉山さん、清水さんが…。

❖追いかけられて、駒場に籠城して。これについて小川（登）が文集に書いてますね、彼が京都から出てきて駒場で「お前らは堂々と捕まるべきである」と演説した、というふうに。[9] 調子いいこと書いて、あんなの嘘だって言う人もいますけれども。

——それで、年を明けて羽田になりますけれども、この辺のご記憶は。

❖羽田空港二階のコーヒーショップに学生が立て篭もって、岸（信介首相）が乗る飛行機の前へ飛び出して妨害しようとしたんです。周りは全部警官隊に囲まれていました。唐牛が一生懸命声を上げていましたけれどもね。

そうそう、その何日か前に遠藤の家か何処かで戦術会議をやったんです。その時に唐牛をたきつけたんですよ。『地の利、人の和、天の時』と言われるけれど、それが全部そろってるんだから、唐牛、頑張れ」って。羽田の時は、コーヒーショップのガラスを警官隊がバリバリ破ってきました。あんなにしちゃってもったいないな、と思いました。

——その時古賀さんはどこにいらっしゃったんですか。

❖中にいました。コーヒーショップの回りは全部ガラスの壁だったんですよ。それを随分派手に壊していました。警察はやることが大袈裟だなって思いました。

そして中からひとりずつ引っ張り出して警官の人垣のトンネルをひとりずつ通らされて、警官の中で学生幹部の顔を知っている人が「ハイ、これは頂き〜」って(笑)。それで私も「頂き」の方に入れられたわけ。あの時は、何人くらい捕まったんでしたっけ。

——逮捕されたのは78人です。その要る、要らないの判断基準はあったんですかね。

❖公安部長がやったんでしょう。

――顔を覚えているんですか。

❖そりゃそうですよ。小島も言っているじゃないですか、元警視総監の国松さんに会ったら「シミタケ（清水丈夫）っていうのは今潜っているけど、あいつの本当の顔を知っているのは俺だけだ」と。要するにあの頃の公安警察はデモの度に写真をパチパチ撮っていたんです。それでパクった学生に対して「これは誰だ」って訊くんです。だから学生をつかまえても頑として口を割らない奴は役に立たず困るんでしょう、知らないの一点張りで。

そうした資料集めで、主だった学生連中の顔を覚えるんでしょうね。ですから公安の警官は学生の顔を見れば、こいつは大物だ、こいつは小粒だっていうのが分かるように仕込まれていたんでしょう。

――この時はどのくらい入っていたんですか。

❖だいたい2ヶ月でしたね。未決拘留が何日かで、その後起訴までの期間があって。するとだいたい2ヶ月かな。

出てきたら、生田が「おめえ、ショックだったよ。しゃべらなかったのは俺とおめえくらいのもんで、他のやつらはべらべらしゃべってるんだよ」って。マル共時代にいた連中には、権力に捕まったら絶対に黙秘というのは常識でした。何か言い始めたらそこからずるずる言ってしまうから自分の名前も黙秘。「完全黙秘」って言うのを叩き込まれていたんです。しかし、その後のジェネレーションではそういうのを知らないから、天真爛漫で「警官の言った事を俺が正してやった」くらいの感じで(笑)。その辺の感じは文集の大口（勇次郎）の文に出ています。[10]

どこまで本当なのか知らないけど、出てきてから生田が「お前は何をしゃべった」と順々に聞いた

(これは昔の共産党時代の「査問」というやつですね)ところ、誰それは試験を受けなくちゃいけないから試験だけ受けさせてくれって言って、出してもらったとか。そのかわりに協力とか取引をしたとか。

3月に巣鴨から出てきてみると、いつの間にか神保町の靖国通りに面して立派な事務所ができているのに驚きました。隣がラーメン屋、下にブントの出版社「リベラシオン社」、2階にブント事務所がありました。

6・15前夜に事故

——次に4・26がありますけれども。装甲車を越えてゆくやつ。

❖これには私は行ってないです。

ブントの第4回大会があったのは4・26の前じゃなかったかな。この4回大会というのはその後のブントが大衆運動に取り組む態度を決める上での結節点なんです。しかし、あまり意気の上がらない奇妙な大会でした。参加した人がそれぞれバラバラの印象を持っているんです。

要するに、安保は5月なかごろには衆議院を賛成多数で通過して、放っておいたって成立してしまうだろう、今更何をやったって無駄だろう、というような雰囲気が労動運動、大衆運動の中に広がっていました。そういうのに対して島が「何を言う、運動はこれからだ」とアジりにアジったんですよ。それに対して冷ややかに眺める人もいました。

しかし島は、法律的には成立してしまうかも知れないけれども、大衆的な反発はこれからどんどん大きくなって行くから、その時に我々が運動を引っ張って行くのだということを、まあ支離滅裂ですが、アジりまくっていました。その演説は会議の中では浮いたけれども、現実はその通りになりました。私は学生の方の組織じゃなく、4回大会の後、『戦旗』の印刷業務をやるようになりましたから、学生のことは直接知らず、また組合のオルグなんかもあまりやっていませんでしたが、4・26から6・15まで、東大と東大教養とが全学連（すなわちブント）の方針を「過激すぎる」としてことごとに足を引っ張っている、というのが聞こえてきました。『戦旗』には大瀬が東大批判の記事を書いていました。

6月に入るとブント事務所では連日会議を開いていました。6・15の前の晩、徹夜で会議をして朝4時頃ひとくぎりをつけて、一同飯を食いに出かけたとき、私は事故で病院に担ぎこまれました。

――そこのところを詳しくお訊きしたいのですが、まず会議は6月14日の晩から朝までですね。どういった準備をなさってたんですか。

❖デモをどうかけて、何処の学生をどうもってくるかとか、何を準備するかなどだったでしょう。もうあまりよく覚えていません。みんなはそこにそのまま泊まり込んだようですが、私は家におばあちゃんが寝ているから帰るためにバイクに乗ったんです。

――先程のバイクとは違うんですか。

❖あれはとうに売り払いました。これは、島が金を作ってくれて自転車屋につとめていた正ちゃん（佐藤正之）に頼んで立派な２５０ccのバイクを中古で見つけてもらったものです。それで靖国通りを横断して右折したら専修大学前の交差点で後から来た居眠りタクシーにはねられました。当時はヘルメットもかぶってなかったですからね、ドーンと地面に頭をぶつけて意識不明で病院に運ばれました。それで、夜中に目が覚めて6・15はラジオで聞きました。トランジスタラジオは当時無かったですから、ゲルマニウムラジオで「今入っています！」なんて言ってるのを聞きました。その時のことを家のかあちゃんが書いたのがあったな。

結婚したのは60年4月18日ですから、看病してくれたのはかあちゃんなんです。病院から出られたのは1週間くらい後ですかね。松葉杖ついて事務所をうろうろしていました。

ブント崩壊の経緯

——6・15とその後の安保闘争については既に他の方に聞いていますので、ブント崩壊の経緯について教えて頂きたいです。ブントの第5回大会がこのあたりですよね。

❖5回大会は7月でしたね。4月以降東大の連中が「あんな過激な方針はマイナスになるだけだ」といって行動をさぼり、足を引っ張り続けていたんです。ところが5回大会では手のひらを返したように、「ブント中央がもっと積極的な方針を出さなかったから6・15の後しぼんでしまったんだ」というような批判をしてきました。

私たちは、「何を言うか、それはまさにお前たちのことではないか」と怒り心頭に発しましたが、この時にはそれまでの学生の状況を熟知していたはずの唐牛もシミタケもいない、陶山もパクられている。北小路も他の6・15の現場にいた者にも逮捕状が出されている。

6・15で盛り上がったのにその後うまく行かなかったから出席者の誰も彼も不満が鬱積している。労働者グループも、ブント中央の指導がなってないからこうなったんだ、という不満があり、彼らは学生運動の実情を知らないから、東大のそうしたブント中央批判にたちまち唱和し、彼らも一斉にブント指導部批判を始めた。東大はそれに乗じて、労働者もあのように言っているではないか、なぜもっと決然たる明快な方針が出なかったのか、それは……というような長広舌を揮う。

誰も彼もが、「あのとき、もっと決然たる方針が出ていたら6・18の巨大な群衆は…」という夢想と、他方では「しかしあの状況で果たして…」という懐疑とのあいだを揺れ動いている。島はとっくに絶望と無力感にとらわれているが、ブント中央批判とは彼一人に対する集中的な批判に他ならない。だからむしろ喘息の発作が起きない方がおかしいくらいのもの。ブント中央と呼ばれていた人たちも、責任を島に押しつけて沈黙する。

島が倒れているそばで、生田や榊原は「今更お前たちが何を言うのか」という姿勢でしたが弱々しい。そこに座っていた連中の間に一様に無力感が漂っていた。ブント＝全学連が火をつけてまわったかも知れないが、今やそれが何百万という国民的運動にまでひろがったとき、それをどうするというようなことをいくら論じてみても、やれ政治方針が悪かったのとワーワー言ってみてもしょうがないではないか。そこでひとり東大が居丈高に批判を繰り返し労働者がそれに唱和する。そして空中分解したということですね。

——批判したのは誰でしたか。

❖星野（中）、服部（信司）、長崎（浩）、が目立っていました。その中核だった連中が、後に「革通派」を作るんです。「革通派」については、早稲田の蔵田計成が『「ブント綺譚」秘話』というのを書いているでしょう[11]。

それに対して全学連の書記局の連中、シミタケはもうパクられていませんでしたが、青木たちが「プロ通派」というのを作りました。その「革通派」っていうのが、半年くらい学生の中で圧倒的な影響力を持っていたようですね。ブントの残りの労対を中心にした連中が「戦旗派」を作り、そこでブントは三つに分かれたということですね。

――古賀さんは「戦旗派」ですよね。

❖学生の方は「プロ通派」と「革通派」というのがいろいろやっていたようですが、その辺は私はまるで分かりません。「戦旗派」ではあの頃非常に観念的、哲学的な議論がありましたね。「革共同は忠実にマルクス主義に立脚しているから微動だにしない」とか言ってましたが、じゃあ彼等はなにをしたんだ、なんにもしてないわけ。しかし、そもそもただの学習サークルだから大衆運動もせず、したがって壊れもしないんですがね。

当時、「革共同にならって着々と革命の中核を担って行かなければならない」なんて言っている守田典彦と一緒になって、むしろ彼以上にはしゃぎまわって騒いでいたのが、早稲田の西江（孝之）。この二人が「革命的戦旗派」を作ろうなんて言い出して、そこに「戦旗派」の大半が流れ込み、それが61年3月くらいまでに革共同に合流したんです。残ったのは常木と私だけですね。

主なのが、陶山、大瀬、倉石、多田、佐藤、それに共産党の港地区委員長をやっていた山崎（衛）

と田川(和夫)。

後で唐牛や北小路もそこに合流したと聞きましたが、あの大衆運動家たちがどうしてだろうと思いました。唐牛はまもなく出たようですが。つまり「戦旗派」の主だった連中はみんな、革共同へ流れて行ったんです。

陶山に「古賀はなんで来ないの」としつこく言われて、「じゃあ話を聞いてみよう」ということで黒寛の家へ行ったことがあります。その頃は彼らにとって黒寛は神様みたいな人で反論するのは恐れ多いと言う感じでしたが、私は彼の言うことがわからないので「なんだか分からないね」と言いました。そうしたら後で一同に、「お前、黒田さんに向かってなんてことを言うんだ」と。しかし、とにかく私は納得できないから彼らに合流するのはやめたわけです。

その後、革共同が中革派と革マル派とに分離したそうですが、その辺りは私はまったく知りません。

❖――61年以降は。

❖61年3月以降は全然。

――その後「戦旗派」の仕事をしたりはしなかったんですか。

❖だって「戦旗派」は、61年3月に常木と私以外はみな消えてしまったんですよ。

『戦旗』は60年暮れまでは出ていたんですよ。5回大会で空中分解した後もすぐにはなくなってはいません。山本庄平から「二人で一緒に毎日川崎から東大久保に通ったよ」と言われました。川崎へ行ったのはブント崩壊後ですね。学生運動はそれはそれで結構だけれど、とにかく労働者の中へ直接入っていかないと駄目だから、川崎京浜工業地帯へ行かなければならない、ということで。私と常木、山本、藤本、それに大島が行きました。

二軒長屋を借りてそこに住んだんです。それが60年11月かな。大島、山本、藤本は日産自動車などの労働者になって働きました。そのうち61年3月かな、庄平さんも藤本も大島も革共に行っちゃったから、同居している意味がないと言うことで追い出しちゃったんですね。ちょうどその時常木が結婚するという事で、一軒に私と女房、もう一軒に常木とその奥さんが住んだんです。

大島はその後、亡くなるまで多田のやっている溝の口診療所で事務長をやっていましたけれども、これは実にいい男でした。死ぬ少し前には和歌に凝りだし、いくつも作っては送ってきてくれました。私と女房は学習塾を開いて食っていました。62年頃までは、川崎にはいろんな連中が「川崎参り」なんていって来たりしていました。島も来たし、生田も、陶山も、時には革共同の松崎も、誰かしら年中来て議論したりしていました。

そのうちに冨岡のじいさんが、通訳をやらないかという話を持ち込んできた。JICA（国際協力事業団）の前身でOTCA（海外技術協力事業団）というのがあったのですが、それの茨城にある国際農業研修センターでの通訳です。それで茨城へ引っ越しました。まあ、そんなことは本筋にはあまり関係ない話ですね。

――それでは最後になりますが、今振り返ってどのように思われますか。ブントの総括というか、要するに岸さんが辞められたことでブントの役割が達成できたのか。

❖いや、当時は、なにしろ日本に革命を起こすのが目的だったのですから、たかが内閣の一つや二つ潰したくらいでっていう感じでしたね。それをバネにしてもっと労働者を強くして、と思っていたわけです。それが5回大会で駄目になって、批判が大きくなって行ったわけです。だからこそ敗北感、挫折感があったわけです。

そもそも、マルクス主義というのは、人間の社会はいずれは共産主義になってみんなが幸せになるということですが、ちょっとこれはおかしいんじゃないかなというのが、60年の4回大会ごろから兆しはじめていたんですよね。少なくとも私は。スターリンが間違っていて、トロツキーが相対的に正しかったというのではなくて、そもそも階級闘争史観が根本的におかしいんじゃないかという…。そのへんの疑いが常木にも私にもあったから革共同へは行かなかったし。

当時はまだはっきりとマルクス主義に疑問を持つということではなかったが、何か今まで自明の前提としていたことに漠然たる疑義が生じていたから、5回大会で東大の連中が騒いだのに対して反論する気にもならなかった、そういう思いが生田にもあったと思います。生田は「やめたやめた」と言ってアメリカに行っちゃったでしょう。そこで運悪く死んじゃったけど。

川崎にいた頃、生田もちょくちょく来て、勉強会みたいなことをやっていましたが、その時にローザ・ルクセンブルクをもう一度再評価するべきなんじゃないかっていうことを話していました。そういう模索の中で、生田流に言えば「やっぱ、マルクス主義はむさいよ」っていうことになって。はっきり理論化できたわけではないですけれども。生田もその後、近代経済学をやり始めましたしね。

しかし、そういうブントの主観的な革命観とは別に、60年安保の国民的な運動が日本の政治史の上で持っていた巨大な意義は評価するべきでしょう。なにしろ大衆運動がときの政府に有無を言わせず退陣に追い込んだという歴史的な経験ですから。そしてそれがまたそれまでのキナ臭い国家主義的政策から経済成長へと切り替える結節点になったわけですから。だから宮沢喜一も（60年安保は）「戦後日本の歴史の転換点」だったと述懐しているわけです。そしてまたこの運動がこうした発展をする上で、全学連、ブント、その影響下にあった労働者がめざましい働きをしたということも否定できないのではないでしょうか。

――分かりました。後何かございますか。

❖ちょっとうちのかあちゃん呼んでこよう。

古賀夫人のお話

古賀　常木が結婚したのはいつ？

古賀夫人　61年4月。

古賀　じゃあ、大島とかは…。

古賀夫人　61年3月に出て行ったから、常木さんが一人になったので奥さんを迎えられたんじゃない。

古賀　じゃあ、陶山や生田が来たのは11月から3月の間か。島は？

古賀夫人　さあ…。覚えてない。

古賀　私が茨城へ行ったのはいつだっけ。

古賀夫人　63年。

古賀　じゃあ、63年の3月か4月まで川崎に住んでたんだ。

古賀夫人　あなたはね。私は次の年まで川崎にいたけど。

古賀　良く覚えているね、そういうことを…。

――折角ですから、奥様にインタビューしてもよろしいでしょうか？

古賀夫人　はい。

――結婚されたのが60年4月ということですが、その前には学生運動との関わりを持っていらしたんですか。

古賀夫人　私は入学したのは昭和32年、一九五七年ですね。一年生のときは氷川下セツルメントというのをしていたんですけれども。お茶大と教育大の。

――大学はどちらですか。

古賀夫人　お茶の水女子大です。勤評闘争だの警職法だのいろいろ参加して、2年生の時私は大山寮というところにいたんですけれども、その大山寮の委員長でした。神近市子さんや羽仁五郎さんとかを呼んで講演会を開いたりしていました。原水爆禁止の運動をやったり。その年の暮れにブントに入ったんです。次の年の4月に自治会の委員長になりまして、10月にストライキをやったんです。

――11・27ですか。

古賀夫人　その前の10・30です。先駆けで。「どこかで突破口を」っていうふうにけしかけられて（笑）。

古賀　その時のお茶大のオルグは糠谷（秀剛）？

古賀夫人　糠谷さんとか大瀬さんが来ていましたよ。

――お二人が知り合いになられたのは。

古賀夫人　ブントの会議でしょう。

――60年安保については、どこに参加していらっしゃいましたか。

古賀夫人　それはもう、自治会の頃から。

――11月27日の時には国会に入られていたんですか。

古賀夫人　はい。

――ご夫婦で入られたんですね。

古賀夫人　私は学生運動として入っていましたから。

――じゃあ、一緒に行動されていたということはなかったんですね。

古賀夫人　ええ。私がデモを指揮して、車の上でみんなを元気付けるために歌を歌ったりなんかしていると、どこかで見ていて「バカみたい」と（笑）。一緒には行動していません。

――60年になると、1・16ですが。

古賀夫人　行きました。その時は委員長じゃなかったので捕まりませんでした。

――羽田空港の中に入られていたんですね。

古賀夫人　もちろん、はいりましたよ。その後4月に結婚したのは、この人が両親が早く亡くなりまして、妹と二人で寝たきりのおばあちゃんを面倒見ていたんですね。会議があってもご飯を食べさせに帰ったりしていて、妹も結婚して、一人で全部やっていたものですから。学生結婚なんです。大学の4年で結婚しました。こちらも私も収入が無いですから、奨学金と家から送ってもらう仕送りとアルバイト、そのくらいでした。自治会の方はお役御免になったので、上原令子さんていう方が学生運動のまとめ役で、私は労働運動の方をやりました。

古賀　上原さんは、今の大瀬のかみさんです。

古賀夫人　私の前にお茶大の自治会委員長だったんです。

――60年4月に結婚されたということは、4・26には参加されていないんですよね。

古賀夫人　結婚しても学生でしたし、参加しています。殆ど全部参加していますが、6・15だけは参加していません。その日は大山寮に北大や奈良女子大の人が泊まっていて、朝早くから作戦会議をしていたんですね。そこへ、6・15の早朝4時か5時頃島さんから連絡があって、「古賀のバイクがタクシーに追突されて意識不明だから来てくれ」ということで病院に行きました。

――4・26の装甲車を飛び越えるやつにも参加ですか。

古賀夫人　参加と言っても脇の方からですから。陶山さんのアジテーションで盛り上がりましてね。もう農林省に勤めていらしたけれど。

古賀　「学生の幹部がもうみんなパクられちゃったから、陶山、行ってくれ」ということになったんでしょう。そこでアジってパクられちゃったから、陶山は農林省を首になっちゃったんですよ。

――女性の活動家というのは当時多かったんですか?

古賀夫人　かなり居たと思います。大学を卒業した方々は社婦協（社会主義婦人協会）というのをつくって活動していたし、学生では明大、早稲田、東女、女子美などにかなり居ました。

お茶大は小さい大学ですから、ストの時でも5百何十人くらいでした。スト破りというのもほとんどなかったです。あの頃大学の前を都電が走っていましたから、都電を3台借り上げて。

――ストの時は固まって行くんですか。

古賀夫人　そうです。

――その後はずっと看病されていましたよね。それで、6・18には？

古賀夫人　行きました。朝まで国会前にいましたけれど時間がきちゃって自然成立で。北小路さんたちが一生懸命演説をしてたけど。

――その時のこと、何かございましたら。

古賀夫人　これだけやったけど通っちゃたのねって感じでしたね。

その後60年の11月から次の年の3月までは、いろいろな派が入れ乱れて議論があったらしく、ブント残党が革共同に流れ込んで最終的になくなるまでは川崎にもずいぶん人が来ましたけれど、そのときには妊娠していましたし、寝ているおばあちゃんもいるし、そういう論議には参加できませんでした。ですからその間の様子などはよく分からないんです。大島さんたちが出ていって隣が常木夫妻だけになってからもいろんな人が来ましたけれど。

――4年生の時ですか。

古賀夫人　そうです。妊娠したので後半休学したんですね。

日米安保条約について

――ご主人に最後に質問させて頂きますが。日米安保条約は現在も締結されております。この条約について今はどう思われているのかお聞かせ頂ければと思っています。

❖「日米安保をいまどう思うか」ですか。これは冷戦時代の産物でしょ？　それをいまでも、まるで陸に上がっても浮き輪を後生大事に抱えるようにしている。「浮き輪を持っていれば転んだときにも安全だ」とか、いろいろ屁理屈がついて。

この軍事同盟を完全に相務的なものにするため、岸首相は安保改定の余勢を駆って小選挙区制を導入し憲法改訂をして「普通の」武装国家になることを目指したが、国民的運動によって失敗した。それが40年余たったいま進行中だ。

日本は敗戦時に天皇制と官僚制度とを温存するかわりにアメリカの云うことを聞くという黙契をかわし、犬のように従順となってその恩恵を享受してきた。冷戦が始まってアメリカは日本に武装を促し、もっと大声で吠えたて噛みつく能力まで要求（核武装には反対だが）し始めた。間違っても主人は噛まないし、その危険があれば厳しく叱りつけてやればいいのだから。

岸内閣から40年余、冷戦が終わった今になって自衛隊の海外派遣実績を作り、憲法改正をしておおっぴらに武装しようという。この政策に世論のかなりの支持が得られるようになったのは、第二次大戦の記憶が薄れてきたことと、北朝鮮の脅威・国家権益の保全・国際紛争への軍事的貢献・「自分の国は自分で守る」などが支持を得たことによるのだが、そうなったのは生活が豊かになってわれわれが思い上がり、傲慢不遜になり、惻隠の情を欠くようになり、「野蛮な貧乏人」に対する恐怖を持つようになったからではないか。実際、われわれは世界の状況について驚くほど無関心であり、亡命者に冷酷きわまる仕打ちをしている。これはアメリカ人の夜郎自大・武力信仰とも多分に共通する。

歴代の日本政府は国連中心主義を唱えていたが、小泉政権ははっきりとアメリカ中心主義に乗り換えた。いや、これまでもアメリカと対立しないかぎりにおいて国連中心主義といっていたに過ぎない。「強い者に楯突くとひどい目に遭う」という庶民的実感がこれに消極的支持を与えている。

だが、アメリカの軍事的覇権はしばらく続くかも知れないが、その政治的・経済的・文化的影響力は急速に衰退しつつあるようだ。ＥＵの成立に続いて、始まったばかりの「アジア債権基金」の模索などもその兆候かもしれない。成金の浅ましさが近視眼にさせるのか。

国際紛争での軍事的勝利が得ることになるかどうかはかなり疑わしくなっている。また各国政府は主権を主張し自国に有利な政策を追求すると信じられているが、それが本当にそうなのかは疑わしい。その「自国」とは国民の総体よりは特定階層の目先の利害が先立つ方が多いが、既成産業・官僚機構・マスコミはそれを国益だと云いくるめる。ＷＴＯでの折衝などにそれは端的に現れている。

領土紛争になるとどの政府も挙国一致の支持を得るが、それらの正当性などは歴史を遡ってみれば疑わしいところだらけ（北海道もアメリカ合衆国も豪州も中南米諸国も強奪したものだ）であり、武力で解決しようとしたらきりがない。

だが、これらを批判する者も、産業の国際競争力を強化したり国民所得を増加させること、つまり「経済成長は善だ」と信じきっている。政府に対しても、そのための施策が十分ではないとして批判する。各国でそうして競い合い、世界は猛烈な勢いで経済成長を遂げてきた。事実、それによって長寿命化し、病気は少なくなり、活動領域は拡大し、生活が便利になってはした（動物園の動物たちも野生のときよりはずっと旨い食物を食い、病気は手当を受け、長生きするが）。

しかしヒトを含む多くの生物はこの小さな惑星表面のごく薄い層のなかだけで生存している。人間活動を野放図に拡大すればその生存環境を維持できなくなる。今まで産業の発展やその高度化、技術的開発などには国民の福利を増大させるものと信じられてきた。アダム・スミスは「火器の発明は一見有害に思われるが、これは文明の永続と拡大の双方に有利だった」と云った。いまのひとびとは原子力利用や遺伝子操作などについても同様な発言をするだろうか。二の足を踏むひとが多いかも知れない。しかし新薬の開発や食糧生産・交通・通信の技術改善などには大賛成だろう。

そのようにしてヒト文明は発達し、結果として生存環境を食い尽くしてきた。地球温暖化、合成物質と放射性廃棄物の蓄積・拡散、土壌・海洋汚染などにその一端を見る。いまの文明は数世代か数十世代後の大破局をいっそう確実にしながらつかの間の繁栄を追求しているわけだ。

これに対して「経済成長こそが環境破壊を回避する」という論者は後を絶たないが、限られた空間の中で人間活動を拡大するのに限度があることは自明ではないか。多くの者はそのことを一応肯定はしても、他方、環境容量を過大に評価して「まだ大丈夫」だと言い続け、相変わらず経済成長を追求する。それが今の大勢である。

しかし地表の環境容量はそんなに大きいか。たとえば全海洋水を1pptで汚染するには環境ホルモン物質が僅か2百万トンあれば足りる。DDTもPCBも他の環境ホルモン物質も、それを遙かに越える量がすでに生産され地表に拡散されてしまっている。それらはいずれ海に流れ込む。もうすでに、何をしても手遅れの状況かも知れない。

だから文明のあり方を見直して新たな方途を探るのは焦眉の急務だろう。主権国家同士がケンカをするなど、まるでタイタニック号上でのご馳走の奪い合いだ。沈没の回避こそが共通の至上命題なのに。京都議定書から離脱してCO_2排出の権利を得ようなど、船の底板をはがして暖をとるようなもの。それが「自国」の利益になると信じるのか。

軍備拡大などに使うアタマやカネがあったら、それを環境の研究・保全・回復に向けるべきだ。それこそもっとも緊急でやり甲斐があることではないか。

注

(1) たとえば「ブントの対労働者活動」（『戦後史の証言・ブント』島成郎監修、一九九九年、批評社）にこうある（１１３頁）。

この巻について、高沢が私に書けというので仕方なしに書いたが、これほど不適切な人選はなかろう…（略）…将来適切な筆者が得られるまでのさしあたりのメモだと思ってもらいたい。

(2) 多田靖「多田靖版ブント盛衰記—ブント書記長・島成郎と仲間たち」島成郎記念文集刊行会・編、二〇〇二年。『60年安保とブント（共産主義者同盟）を読む』情況出版、94～１３５頁。

(3) 多田靖、前出、99頁。

(4) 大瀬振「さよなら島、さよならブント」島成郎記念文集刊行会・編、前出、47～56頁。

(5) 武井昭夫「『全学連』引き継ぎの頃を話そうか」島成郎記念文集刊行会、前出、１６２～１７１頁。

(6) 島成郎『ブント私史』、一九九九年、批評社。

(7) 山本庄平「『戦旗』印刷所顛末記」島成郎記念文集刊行会、同上、83～88頁。

(8) 島成郎の『ブント私史』（70頁）にこうある。

樺さんは口数少なく物静かであったが芯の強い人で、黙々と山程あった事務を背負ってこれをこなしていた。或る日、余りお喋りもしなかったその彼女が事務所から出ようとした私を追ってきて突然、「島さんは大人だから相談したいのですが、私、想いを寄せる人がいるのです…」と話しかけてきたことがある。不意のやや古風な告白に私の方がドギマギして「一体誰と…」と訊いた所、口ごもるように「Sさんです…」といって顔を赤らめたまま逃げるように事務所に入っていってしまった。……その後一度もゆっくり話す機会のないまま過ぎ、やがて彼女は東大に戻り文学部自治会副委員長となり学生運動に専念したために、彼女の想いがいかになったか知る由もなかったが、あの六・一五での死をきいた時、私のなかに強く浮かび、その後もずっと離れることのなかったのはあの時の彼女の胸の内であった。

(9) 小川登「京都から見つめた60年安保とブント」島成郎記念文集刊行会、前出、179〜181頁。
(10) 大口勇次郎「わが昭和の古文書1」島成郎記念文集刊行会、前出、201〜209頁。
(11) 島成郎記念文集刊行会、前出、136〜154頁。

※インタビューは二〇〇三年2月10日、古賀氏の自宅で行われた。途中から古賀才子夫人も加わった。記録は板垣麻衣子が担当した。

第五章

篠原浩一郎氏の証言

【篠原浩一郎氏の略歴】

- 1938年５月４日、満州生まれ。57年４月九州大学経済学部入学。全学連中央執行委員。60年安保闘争当時は社学同（社会主義学生同盟）委員長。
- 62年、九州大学経済学部卒業後、機械メーカー勤務。85年よりベンチャービジネスに従事。
- 96年より現在に至るまで特定非営利活動法人ＢＨＮテレコム支援協議会の常務理事・事務局長。

――私は篠原さんを5年以上も前から存じ上げているんですが、こういった正式のインタンビューという形で話をお聞きするのは初めてです。

❖そうですね。私はあまりしゃべらない事にしていましたから。唐牛は「言葉は腐る」なんてしゃれたことを言っていましたが、二人とも行動だけが表現方法だと思っていましたし。

――この一連のインタビューは小島弘さんから始まりまして、4人目の古賀康正さんまでさせて頂いたのですが、この方たちは「唐牛健太郎追想集」で出てくる言葉を借りればいわゆるシニア組に属します。つまり大学在学中に「六全協」を経験した方たちです。しかし60年安保の実働部隊の殆どは「六全協」は大学以前でした。そこで60年安保に焦点をあてると、その戦闘部隊と言いますか、唐牛体制の中枢にいた人たちが何を考えていたのか分からないところが多くあるなあと感じるようになりました。そこで小島さんにご相談したところ、唐牛さんと最も親交の深かった篠原さんが適任ではないかと言われておられました。唐牛さんご自身は84年にお亡くなりになられていらっしゃいますし。

❖そうです。

――図書館で篠原さんに関するものを当時の文献から拾ってきました。するといろいろ出てきました。例えば、一九六三年3月22日号の「週刊朝日」です。これは覚えておられるかと思いますが。

❖（当時の記事を見ながら）懐かしいですねえ。

――この記事では篠原さんの写真があって「将棋の研究をする篠原浩一郎君」とありますね。

❖恥ずかしいですね。いくつですかねえ。

――記事では当時25歳とあります。その他に印象的なのは『唐牛健太郎追想集』に出てくる85年の座談会「唐牛健太郎を語る」でしょうか。

❖なんかいい加減な座談会をやりましたね。篠田（邦雄）、長崎（浩）、五島（徳雄）、それから星山（保雄）とやったやつね。

――そうです。このように断片的にではありますが、いろいろな過去の文献を見ると面白いものがあります。ですから、本日はご記憶をたどって頂いて当時の模様を総合的にお話して頂きたいなと思っております。

❖そうですか。記憶が薄れてきてしまっていますけれども。私は九州大学ですが、そうですね、それでは学生運動を始めたところからお話しましょうか。

――はい、お願いします。

九大経済学部入学

❖私が九大の経済学部に入学したのは57年4月です。完全なノンポリで、ヨット部に大学の入学式前から入り、学校に全く出て行かないでヨット部の艇庫に通っていました。

私は子どものころから近眼で眼鏡をかけていたので、運動は得意ではありませんでしたから、ヨットは風任せで楽だろうと思いました。艇庫はボート部と一緒ですが、彼らは全くガレー船の奴隷みたいに漕がされるのですからヨット部を選んで良かったと思いましたよ。冬になってヨットに乗ることが出来なくて、大学に戻ってきました。

ある日、学生大会をやっていたので出てみました。その時の主題は、エニウエトック島の水爆実験反対だったと思います。それで、ストライキをやると言うことでした。

しかし、その直前に中国が水爆実験をやりました。当然、学生の中からこれにも反対しようという意見が出てきましたが、当時の執行部は共産党ですから「中国の水爆はいい水爆だ」と言って意見を取り上げようとしません。私はつい立ち上がって「それはおかしい、あらゆる水爆に反対」ということを強烈に主張しました。しかし、執行部は共産党に叱られるからか、どうしてもそれはできないと言うので、そんな馬鹿な執行部は退陣してもらおうと言いました。そうしたら本当に退陣して、仕方がないから私が執行部に入りました。それが学生運動を始めたきっかけで、まったくのノンポリだったのがそういう経緯で学生運動にかかわることになりました。そのうち大変面白くなりまして、春になってもヨット部に戻るのも忘れて学生運動にのめり込んだわけです。

教養部は語学でクラス分けされていました。執行部はクラスをまわって、教授に10分くらい時間を貰ってクラス討議を行い、全学連が指令する全国何とかデーに合わせて、クラスからスト決議をとるという手続きでした。全てのクラスのスト決議が出そろうと学生大会を開いて大会で再度決議をしてストライキを実行するわけです。大会では共産党系の学生がスト反対の意見をとうとうと述べるので、これを弁論で圧倒するのが私の得意のところでした。

あの頃は、だいたい月に1回、2回くらい全学授業放棄のストライキをやっていました。シーズンとオフシーズンがありますけれどね。4～6月はシーズン、7～9月がオフシーズン、10～12月はシーズン、1～3月はオフシーズンというふうになっていまして、シーズンには月に2回ストをやっていました。

日本の学生運動は戦後の最初から共産党が指導していたのですが、そのころは「六全協」の影響で共産党は混乱していました。スターリンの論文を押し付けて来るし、歌え踊れの指導では誰もいうことを聞きません。

九大教養部の執行部のメンバーは、九大を5年前に退学になった先輩の守田典彦のところに行って、マルクスの『資本論』、『経済学哲学手稿』、『ドイツイデオロギー』なんかを熱心に勉強するようになりました。私、二宮、大藪、山口、梯、川本などです。スターリン、毛沢東、宮本顕治らの指導する共産党は全く人民を離れた自己中心の官僚制度だから、新たに本当の労働者階級のための革命政党を作らなければならないという結論に達しました。

そういう意見は九州だけではなく、全国に澎湃としておきてきたのです。『探求』という雑誌に拠る黒田寛一とか、西京司、栗原登一（=太田竜）、守田たちで幾度か東京で勉強会をやって居るのに参加しました。

また、東大の共産党細胞でもハンガリーの労働者蜂起をソ連の戦車が粉砕したことに憤激して、反共産党運動が強くなってきました。その中からブント（共産主義者同盟）が学生を中心に生まれていくわけです。

しかし、私は守田の後についているだけでブント結成の中心になっていたわけではありませんでした。

反共産党運動は、黒田、西、栗原らの革共同とブントの二つに大きく分かれていくわけです。守田以下九大教養部の仲間はいつしか革共同から離れブントにかかわっていくようになりましたね。

――「革共同」（革命的共産主義同盟）が結成されるのが57年の12月、58年の5月が「社学同」（社会主義学生同盟）です。この辺りは参加されておられませんね。時期的には例の「6・1事件」の前あたりですが。

❖私は後で社学同の委員長になりますが、その頃は参加してないと思います。

――その頃はまだ九州での活動が中心であったと。

❖そうですね。ブントが主導権を握るのはいつでしょうかね。

――ブント結成が58年12月10日です。

❖このあたりはもう主導権を握っていますから。清丈（清水丈夫）が出てくるのは何年だろう？

――58年12月の第13回大会で清水さんは書記次長に就任しています。59年第14回大会が6月5～8日に開かれていますが、そこで唐牛体制になった時に清水さんが全学連の書記長になっています。

❖そうでした。警職法辺りから清丈が加わってストライキをバンバン出すようになったんですね。

警職法の後に安保反対闘争が始まります。安保改定に関しては、月に2回くらいストの指令がでていましたが、着実に実行できるのは九州と北海道くらいでした。北海道の唐牛や恩田たちと張り合ってあの当時は本当に充実した学生運動を展開できたと思います。他の地方は安保闘争がなかなか盛り上がらないようでした。そこで島が唐牛を東京に引っ張ってきたというのも、東京にもう活動家が少なかったためです。東大教養学部も革共同の方の元気が良くてブントの活動が停滞しているし、全学連を革共同が入り込んで分裂していましたから。

そのような背景があって、唐牛を北海道から引っ張ってきたんですね。私はその時は引っ張られなかったんですが、やはり活動家が足りないということで、島（成郎）が59年夏に九州に来ました。北海道には唐牛を指名したのに、九州からは誰でも良いから一人出せでした。そのくらい唐牛の名前は全国に鳴り響いていました。

当時、二宮君と私が九大教養の中心的活動家だったので、どちらかが行き、どちらかが教養部に残って学生運動を指導するということになり、私が行くことになりました。この頃学生運動をやるということは、若いなりにも「我々は職業革命家になる」という覚悟でいました。つまり普通の社会に背を向けて、命がけで体制と闘うということですね。「東京に行ってやりだしたら命がなくなるんだ」という覚悟をきめました。死んでも良いと思っていましたから、私が行くことになってもさほどの事はありませんでした。保険の外交をして育ててくれた母親に悪いなと思いましたけれど。

教養部が学生運動の中心でしたが、すでに1年留年していましたので、後半年しかいられません、この際東京に行くんだから教養部に残る必要はないと思って残りの単位をとって経済学部へ進学しました。残った二宮はそのまま教養部で学生運動を続けたために退学になってしまいました。

そうこうして行く準備は出来たのですが、東京からなかなかお呼びがなくて、どうしたのかなと思っているうちに11・27がありました。非常に盛り上がった闘争で、東京では国会にデモ隊が突入するという衝撃的な事件になったわけです。

九州でもこの闘争は盛り上がって、私が逮捕されたりしました。

福岡から上京

――逮捕されたのはその時が一番最初ですか。

❖最初ですね。11・27で逮捕状が出た清水と葉山は篭城させられちゃって、東京は（指導体制が）壊滅的だということで「すぐに東京に来てくれ」と言われて、とんで行きました。その後、12・10というのが東京でありまして、その指揮をしたのを覚えていますから、11月27日から12月の初めにかけて東京に行ったことになりますね、正確な日付は忘れてしまいましたが。11・27の直後です。

――清水さんが篭城している最中に上京したということですね。

❖そうです。飛び込んでいきました。泊まるところがないから駒場の寮に清水たちと一緒に泊まりました。

――12・10というのは？

❖やはり安保反対闘争でした。その頃は11・27で国会に入ってしまったことを、跳ね上がりだということでマスコミ、共産党が批判していました。ここで運動面において共産党とは決定的に対立するようになりました。そうすると労働者の中にも共産党はおかしいと言う人もいる、我々はその勢いに乗ってどんどん国会に突入しようと意気が上がったわけですよ。ところが、東大の中には革共同がいて、彼らは突入に反対だったんだと思います。それで結局教養部がバラバラになつて、国会に行かないと言い出したんですね。11・27は自然発生的に入ってしまったけれども、これからはもう行かないと。

12・10では日比谷野外音楽堂に集まりましたが国会デモはしないことに急遽決まりました。その日は人数も少ないですね、3千人くらいいたかな。集まった学生は国会に突入するつもりで来ているのが殆どなのに、それを抑える演説をしろと言われたんです。東京へ来て初めての演説が「国会へ行くのはやめましょう」とは思ってもいませんでしたから、僕は断っちゃったんです。その時は誰がやったのかな。唐牛もいやだといって、加藤昇が国会デモ中止の演説をしました。随分野次や反発がありましたが、八重洲口方面へのデモを行いました。

僕は初めて笛持たされてデモの指揮をさせられました。ところが私は福岡ではデモといってもたいしたデモの経験がないんですよ、ジグザグデモくらいしか。東京はいろいろ手馴れているものだから「渦巻きデモ」をやるというんです。八重洲の交差点の前でやりました。渦巻きデモと言うのは、真ん中に向かって渦を巻いた後、先頭は今度は外に向かって渦を巻かなければいけません。それがわからず適当に笛を吹いてやっていたらみんな外にでられなくなっちゃって大失敗しました（笑）。

――渦が中に入るだけで外に出られなかったんですね。

❖何やってるんだといってかなり文句を言われましたけれども。それが東京での第一号ですね。あの頃は藤原（慶久）の下宿に泊めてもらったり世話になりました。僕は社学同の書記長だということで藤原とコンビを組んでいました。

その後、60年に入って1月16日の羽田闘争に行きました。この時は確か一回九州へ布団を取りに行くか何かで帰っていたんじゃないかな。

――お正月中に？

❖ええ。それで戻ってきたら羽田へ突っ込むという。話を聞いているとどうやら活動家だけで突っ込むというんですよ。これも私には分からない闘争でした。学生を集めて戦うのが学生運動なのに、何故活動家だけで突っ込むのかと。大衆の支持は得られていないんじゃないかと思ったのですが、どうしても突っ込むと言う。それで、羽田へ全国から号令して集めると言うことで、何人集めたのかな…、数百人集めたんだと思います。

私も肩書きは社学同の委員長ですから、笛持たされて、挙句の果てには警官隊に囲まれたからといって食堂に篭ってしまったんですね。ますます袋のねずみじゃないかと思いましたが…。「東京の連中のやることはわかんねえな」と思いました(笑)。しかし全学連は安保阻止を本気でやる唯一の団体だということは鮮明になったわけです。この時、東京で初めて捕まりました。

――学生78名逮捕とありますが、この中の一人ですね。

東原、唐牛と下宿

❖そうですね。警察は最初私のことは分からないんです。黙秘権を使ったんですが、結局、福岡で捕まった時の指紋が残っていたようです。起訴されて警察に捕まって二十数日の検事拘留で、赤坂署で起訴直後保釈になりました。1月18日に捕まって、2月10日には出てきています。

その時、東原(吉伸)が全学連の財政部長だったんですが、保釈金を私の伯父の所へ行ってもらってきたんです。僕も怒っちゃって、「親の言うことも聞かず飛び出してきているのに」って。福岡で活動しているならまだしもね。お金がないからどうしようもないんだけど。羽田闘争までは総評弁護団というのにやってもらっていたんですが、総評弁護団というのは共産党が多いもんですから、組織決定でトロツキストには協力してやる必要はないといって、手を引いてしまったんです。そういうわけで、弁護士は国選弁護人になった。中には総評弁護団の前田知克さんのように引き続きやってくれる人もいましたが、ほとんどの弁護士は手を引いてしまったので、国選弁護人を当てられました。その時当たったのが、松尾翼という若い弁護士でした。二人とも非常に熱心に弁護をしていただきました。今でもいろいろと相談に乗っていただいています。

2月に外に出てきたら、東原が、唐牛と私と三人で住むように宿を借りてくれたんですね。あっちへ泊まりこっちへ泊まりとフラフラとしていましたが、2月からはアパートに泊まることになりました。そこは歌舞伎町の繁華街を抜けていったところの、「万葉荘」というところです。我々以外に泊まっているのはバーの女の子ですよ。いかにも東原が選んでくれそうなところで（笑）。三人で仲良くやりました。それからさっきも言ったように、私は東京には根がなくて頼るところもないですから、あちこちの大学に行ってオルグをしました。私の持論は、クラス討議を真面目に根気良くやってストライキ決議を取ることに尽きるのですが、東京の学生は福岡と違ってレベルが高いのか生意気なのか、いろいろと意見が出てまとめにくいようでした。オルグはクラス討議にも学生大会にも出られないのでまどろっこしかったですね。

例えば早稲田なんて全然そういうことをやんないんですよね。デモの前の日に行っても活動家は奥の部屋でみんなマージャンやってるんですよ。こんな調子では明日のデモには一人も出てこないだろうと全学連本部に報告しました。それが当日になると、学生がぞろぞろやってくるんだよね。「こんな不真面目な連中とは…」なんて思いました。お茶の水女子大には昼間は入れないので、夜中に女子寮に塀を乗り越えて入りましたね。中から白い手が何本も出てきて引っ張り上げてもらいました。胸がどきどきしましたね。

私は東京教育大学も担当していましたが、あそこは共産党が強くて主導権を握っていました。黒羽の指導する共産党に取り囲まれて相当緊張したこともありました。向こうがやっている学生大会と別に学生大会をやっていましたから。

田中清玄との関係

❖2月に僕らが外に出てきて、田中清玄さんに唐牛と二人で会いました。当時50才台でしょうか大変活力のある人でした。共産党の委員長になっていた当時の話をしてくれました。天皇制下の共産党活動の激しさ、ソ連は自分の出先としてしか日本の共産党を評価していない有り様を聞きました。権力に対する反抗、共産党に対する徹底的な嫌悪感を持っているわけです。そういうところは時代を超えて我々と異なるところがないので話をするのが楽しい人でした。

清玄さんもすっかり唐牛に惚れ込んで親友のような付き合いをするようになっていきました。「清玄さん、それはアンタの法螺じゃないの」などと唐牛はからかって楽しい酒を飲みました。唐牛っていうのは本当に魅力のある男でしたから、清玄さん自身も唐牛に悪口言われるのがうれしくて仕方がないという感じでした。

――それは60年2～3月の始めですね。唐牛と二人で清玄さんのいきつけのバーのボトルを勝手に飲み干したこともありました。

❖そうですか。3月ごろですか。

僕と唐牛は自分の大学から離れてるもんだから日々誰かが相談に来るわけでもないし。オルグが終わるとデモがない日は誰かと酒ばかり飲んで。青木（昌彦）もいつも暇だったんじゃないかな。私、青木、唐牛、島でよく酒を飲んでいましたね。

唐牛と私はあちこちオルグに回って指導したんですが、役に立っているのか非常に心もとない。人がやっているところによそ者が行ってああだこうだといってもね、どの程度役に立ったか。今から考えると、東京の大学に通っている他の活動家と違って、地方からやってきて酒ばかり飲んでるという印象が強いですね。自分の根のあるところで活動が出来たら、友達を増やしたりできたでしょうけれども。

唐牛と私はお互いそんなふうですから、ふたりで一緒にいる時間は大変長いわけです。仲良くなりましたね。

――全学連の事務所があった金助町に行かれていたんですか。

❖そうです。清丈がいましたね、東原もいて。清丈はどんどん指令を書きなぐって月に2回くらいストをやっていました。

――号令をかけるのはいつも清水さんですか。

❖そうでしたね。

――篠原さんはその当時はブントとして活動されていたんですか、それとも社学同ですか。

❖私自身は社学同の委員長としても動いていましたが、あの当時の社学同と言っても、特別組織が別れているわけではなくてブントと同じメンバーでやるという感じでしたね。

――社学同というのはどういう組織ですか？

❖社学同は、元は「反戦学生同盟」と言いまして、共産党の党員になる前の若い人たちを集めた活動家の組織という位置づけでした。これがまたブントになる時、反戦学生という甘っちょろいことを言っていては駄目だ、社会主義革命をやる組織ということで「社会主義学生同盟」と名づけられました。現実にはブントなんて出来たばかりだから偉くもなんともなくて、共産党のように敷居の高い組織ではありませんでしたから、ブントであろうと社学同であろうと区別はなかったです。大瀬（振）が社学同の機関紙を作っていました。全学連の中の活動家の組織ということですよね。

――人数的には。

❖人数的にも3千人くらいじゃなかったですかね。ただ高等学校にも組織が拡大していました。私自身は委員長と言いながらも、さほど組織活動をやったという記憶はありません。

――文献によると第2代の委員長が篠原さんということになっています。

❖そうですね。初代が陶山（健一）ですか。中村光男が反戦学生同盟の委員長で、そのあと陶山になって、その後私がなりました。

――選出されたという手続きはあったんですか。

❖一応、全国大会で私がなったんだと思います。3月頃です。

――安保闘争の時は社学同の委員長として出たんですね。小島弘さんと会われたのはその頃ですか。

❖あの頃は、私が最も若くて最も先鋭な頃ですから、私から見ると小島氏は我々とは違う大人に見えました。彼が総評や社会党と交渉したり警察にデモの許可を取って来たりして。彼が交渉して帰ってきてする話は全学連の活動にタガをはめる話が多いから、必要な事だと分かっていてもうっとうしかったですよ(笑)。いつも持ってくるのは「ジグザグデモはやめろ」とか「コースはこう行け」だとかそんな話ですから。そんなものは守らなくて良いじゃないかと思いましたが。小島氏は一生懸命交渉して決めてきたことなんですがね。

当時の全学連は反体制運動の中でも総評と並んで重要な役割を果たしていて、他の団体との協力が欠かせないということが、私のような若い連中にはあまり理解出来ないでいました。勝手なことばかり言っていましたから小島氏も本当に苦労したでしょうが、じゃあ勝手にしろと投げ出すような人ではありませんでした。

まあ、そういうわけで当時はあまり親しくはなかったですよ。小島氏は一九三二年生まれかな。

――そうです。

❖私が一九三八年だから6歳も違いますからね。当時僕が21歳で、彼は27歳ですから、もういいおじさまですよね。再び会うのは日本精工に入る前後からですね。それからは親しくさせてもらっています。

――当時はいわゆる「森田派」というのはそういうふうに見られていたんですか。

❖そうですね。一九五七年ですか、学生が大勝利を収めた砂川闘争というのがありましたが、僕はまだ学生運動を始めていないし、九州だったからよく様子が分からなかった。「砂川闘争の英雄の森田」といわれてもぴんと来ないし、彼は全学連の会議でいつも中心になって話をしていました。ブント結成にも参加していたのに、ブント全学連になると香山、森田、小島、小野寺の名前が消えているのでどうしたのかなと思いました。その当時別に島と親しいわけでもなかったけれど、香山、森田とも親しいわけではなかったので九州の人間にとってはどちらでも構わないというのが正直のところでした。森田派という言葉も全学連やめてから知ったように思いますよ。

当時の九州の人間ですから、東京に出てきて女子学生が人前で煙草を吸うのを見て目を丸くしました。会議に行くと女子学生が平気で「ナンセンス!」なんて野次を飛ばすから驚きました。

その後、森田らが抜けたことで全学連の戦力というのはガクンと落ちたんでしょうね。彼に代わるような戦略家というのはいなくなりました。唐牛委員長の全学連というのは、緻密に戦略を立ててという方法ではなく、あっけらかんでとにかく行け行けドンドンですから。馬鹿の一つ覚えみたいに「国会突入!」ですよ。ワンパターンですね(笑)。

——その時の島成郎さんというのは。

❖私を引っ張り出したのは島だし、もちろんブントの中心的人物でした。ブントは労働運動も結構やりましたが、主にやっているのは学生運動ですが、彼の戦略で戦っていたという感じはありませんでした。むしろ若い我々に引きずられていたのではないかしら。彼には年上ぶったところが全くありませんでした。一緒にやっていました。しょっちゅう家に行って飯食わせてもらったり酒飲んだりしました。博子さんには頭が上がりませんね。島のおふくろさんもいましたね。

——分かりました。島さんが戦略をたてて唐牛さんを支えたというわけではないんですね。つまり唐牛さんがいて、清丈さんがいて、篠原さんがいて、東原さんがお金を持ってきて、突っ走っていたと。

❖そうですね。ですから、島は裏にいて戦略を担当していたということになっていますけれども、当時の全学連の闘争が盛り上がりすぎてブントは飲み込まれていった感じです。

——唐牛体制になると糠谷さんと加藤さんが副委員長で。

❖そうです。糠谷や加藤とは付き合いがありました。糠谷の家は全学連事務所に近いせいもあって良く泊めてもらいました。彼は東大の落語研究会に属していたちゃきちゃきの江戸っ子ですが、義理堅い人物で、全学連事務所の家賃を最後に払ってくれたそうです。加藤は童顔で彼が議長をすると誰も文句を言えない感じでしたね。

「反岸」財界人の動き

——東原さんは全学連の資金調達という役割を…。

❖そうです。高校の時から共産党員で筋金入りのハズですが、青筋たてて戦うというところのない親しみやすい男でした。

お金は彼が集めてきました。当時の文化人と言われた人は全てまわったけれど、中でカンパを断られたのは曽野綾子さんだけだったそうです。そんなわけで東原は財政面では大変な働きをしましたよ。

酒を飲むお金もどこからか東原が持ってきました。そもそも田中清玄を引っ張ってきたのは彼と小島さんですからね。田中清玄とはその後も、東原と唐牛と私の三人でよく会っていました。先ほど言ったように、昔話や馬鹿話をしたりしてね。

清玄が当時どんなことを考えて、どんなことをやっているかはよく理解していませんでした。後になっていろいろな人から聞きました。田中清玄は安保闘争の中で全学連の主流派である我々を支持し、そのことによって共産党の進出を潰せると考えていたのでしょう。共産党の方もこの闘争の中で、チャンスがあれば暴力的に政権を打倒する可能性をうかがっていました。まずは目障りなブントを潰してしまおうと考えて、別働隊を準備していました。全学連大会に共産党が特別行動隊を結成して大会を妨害するという情報があって、私たちもそれなりに備えをしましたが、そんなやわな事ではだめだと言って、清玄傘下の大学の空手部の猛者たちが防衛に来てくれました。当日、恐れをなして共産党は来ませんでしたが、その代わりどこかの右翼学生が団体で殴りこんで来ました。空手の猛者たちがあっという間に追い出してしまったのには感心しました。

その頃、財界人は財界人で秘密グループを作っていまして、今里（広記、日本精工会長）さん達が、とにかく岸さんでは駄目だということで岸を降ろすという勢力になっていたんですね。ですから、「反岸」が大きな勢力になっていたんです。そういう中で安保闘争が始まったわけで、そういう人たちは岸を追い落とすために安保闘争を利用したんです。その一端を田中清玄が担っていたということです。田中清玄は財界人と手を組んで、今里さんや中山素平（日本興業銀行）なんかと一緒にやっていました。やはり「岸に任せていたんじゃ大変なことになる」というのが当時の若手財界人の中にあったようです。その頃今里さんや中山素平はまだ若手でしたからね。

他方、北炭の萩原吉太郎（北海道炭坑汽船会長）、児玉誉士夫、永田ラッパ（映画王）とかこういう人たちが岸さんを支えていました。こういう人たちは、戦後のどさくさの中で力を持った人たちです。

正統派の財界人は上がパージでいなくなったために若手なんですね。後になって古手財界人も出てきますが。若手の財界人はパージを経験していますから革命的なんですよ。彼らは昔の日本に批判的で、特に岸さんの考えているような、「軍事力強化によってアメリカの占領体制を抜け出し、日本独自の軍事力と国力によってアジアに君臨する」というような考えは、再び軍人とそれと結託した官僚国家になるから許してはいけないと考えていました。ですから、岸を倒さなければならないと考えていた。

安保闘争の最後の方では「岸を倒せ！」というスローガンが出てきていましたが、我々はそんなことを言った覚えはないし、考えてもいませんでした。全学連は日本が軍国主義になるからという理由で安保に反対していたわけで岸個人の問題とは思ってもいなかったはずです。

共産党は安保条約の改定に対して、アメリカに益々従属するからという理由で反対でしたが、我々全学連はそうではなく、安保改定によってアメリカから独立し、ますます独自の軍国主義を展開する方向に行くことに対して反対していました。

ですから、あれだけの激烈な闘争になったんですね。岸さんが安保改定を強行し、全学連が負けたということになっていますが、実は我々が言っていた「独立した軍国主義国家反対」ということを財界人が、その後ちゃっかり使うんです。池田さんがその後、つまり自民党もそれを使って、国民の反対も強いし日本独自の軍国主義はしばらくお預けにして、経済専念という方向に走っていきました。アメリカも軍事的には日本の面倒を見なければならないとあきらめたのではないでしょうか。ですから、ある意味では我々の言ったことが実現しているということは言えるんじゃないですかね。

――興味深い話ですね。

❖名目は岸が勝ち、内実としては全学連が勝ったのではないかと思います。

4・26チャペルセンター

――4・26について詳しくお聞きします。いろいろな逸話がございますが。

❖はい。4・26というのは大変重要な時期でした。反対勢力の中心である社会党と総評が昨年の11・27で労働者が彼ら指導部の制止を乗り越えて国会に入ったことに脅えて、それからはデモではなく行列で国会議員に請願するだけにしました。我々はこれをお焼香デモと非難しましたが。これでは、国民のほとんど全てが反対している安保改定が国会で多数を占める自民党によって採決されるのが目にみえていますから、安保闘争は停滞していました。もう採決まで1ヶ月を切っています。どうしてもここでもう一度、国会に突入する強烈なデモに切り替えないと安保改定阻止は出来ないということです。ここで決死の戦いをするという位置づけでした。

我々も全国的な決起に向けて精力的に準備していました。私はと言えば、その前に4・10でデモをやって、それでどうやら逮捕状が出たということで、昼は外にあまり出れず、学生の中に紛れて、夜な夜などこかに逃げるという生活をしていました。前夜は歌舞伎町のバーに集まって酒をのみました。唐牛、青木、東原あたりとかな、白々明けの新宿の町を歩いて法政大学の自治会に隠れに行ったのを覚えています。

4・26は唐牛全学連が中心となって準備した闘争です。ところが、約1万人くらいの学生がチャペルセンターに集まっていたら、警察が装甲車というか、トラックに杭を打ちつけたようなものを20台ぐらい並べてトウセンボをして、絶対に国会に入れさせない体制をとっていました。

——チャペルセンターというのはどこですか。

❖私も良くは知らないのですが、国会正門前の通りに昔教会がありまして、そこをチャペルセンターと言っていました。そこへ集結して国会に突入するつもりでした。

——そこへ装甲車が現れたのですね。

❖そうですね。我々としては戦略も何もないわけで、とにかくそれを超えて国会に突入するということでした。国会に突入すればいいという非常に単純な戦略でした。

ところが、装甲車の前に座りこんでこれからというときに国会突入反対という意見が学生の中にあったんです。東大教養部が国会に入らないという決議をしてきて、突入するなら帰るという方針でした。それを相手にしていかなきゃいけない。ですから、わあわあと東大を説得する戦術会議をやっていました。

——どこでですか?

❖もう装甲車のまん前ですよ（笑）。「何のためにやってるんだ」、「これじゃあ、お焼香デモと一緒だ」なんて言いながら。

――何人くらいですか？

❖円陣を組んでいるのは15人くらいかな。

――学生は？

❖1万人くらいですよ。東大はせいぜい千人くらい。それが帰ると言い出して。私もまさかそんなことがあるとは思っていなくて、あきれてしまいました。唐牛や清水が言っても聞きません。演説に間が空いたら駄目だから、各大学の代表に交代で演説をやってもらっていました。さっきも言ったように私はそういう大衆的な演説が得意でしたから、自分が演説すれば大丈夫、みんな国会に突入するという自信がありました。

そのとき、明治大学代表の前原君が「俺達は装甲車に請願に来たのではない！」と呼びかけましたら、それで学生の空気が変わったんですね。それまでざわざわしていたのが静かになってウオーという地鳴りのようなものを感じました。一気にまとまったんです。帰りかけていた東大教養部の学生の足も止まりました。それで唐牛に「今しかない、戦術会議なんか放っておいて、すぐに突入しよう」と言って彼に演説をしてもらいました。

次に私がやれば一気に突入させられるという自信がありましたから、早く自分の番にならないかな、と思いました。ようやく自分の番が来ました。

その前日韓国では李承晩大統領に反対する激しい抗議行動が巻き起こっていましたから、私はそれを引きながら日本の学生は負けていられないといったことを喋ったと思います。

私が演説をして、その後みんなが装甲車を乗り越えはじめました。まあ国会突入といっても、実際は突入出来ませんでしたが、装甲車を乗り越えて、それでみんな捕まっちゃった。唐牛も私も真っ先に行きましたから、すぐに捕まってしまいましたね。そういう闘争でした、4・26は。

このデモ以来、安保は国会に突入するデモで無ければ阻止できないという全学連のやり方に国民がついてくるようになったのだと思います。お焼香デモに対する反発が労働者や市民から激しくなりました。

我々はいつものように23日くらいの検事拘留で出て来て最後の闘争ができると思ったんですけれども、なかなか出してくれないんですよ。

しかし、全学連の学生が大量につかまりましたから我々が出ていかないと共産党系の運動が強くなるということで、後で聞いたところによると、田中清玄と島が三井（公安一課長）と交渉するんですね。その結果ほとんどの学生を出してもらいました。

6・15まで捕まっていたのは私と唐牛、清水、藤原かな。特に、私と唐牛は絶対出せないということでした。結局10月くらいまで半年間出られませんでしたね。出てきた時にはもう安保も終わり、ブントも終わりというような状況でした。

――岸首相も辞めていました。

❖そうです。7月の末くらいですね。

――唐牛さんと一緒にずっと刑務所ですか。

❖巣鴨拘置所です。今ではサンシャインシティのビルが立っています。その時はまだ一審の裁判も始まっていませんでしたから拘置所です。10月になると安保も終わっていたし、裁判も始まって置いておく理由もないからというので保釈になりました。唐牛と一緒に出来てきました。

いつ出れるか分からないというのは精神的に大変でした。刑が確定して出てこれる日が決まっていればそれはそれで良いんですがね。弁護士は「もう今日は出られるよ」と言いますが、毎日待っていても出してもらえない。巣鴨の拘置所はコンクリートで、夜看守の足音が聞こえてくるんですよ。そうすると「出しに来たのかな」なんて思う。でも房の前を素通りしてしまう、良い精神修行になりました（笑）。「革命家がこんなことで一喜一憂していてどうする」と反省しました。接見禁止だし、本も差し入れてもらえない。見よう見まねで座禅を覚えて、それで時間をつぶしました。

——外で何が起こっているかは分かったんですか。

❖ラジオでだいたい聞けたんですよ。中に入っている人に関係することは流さないんですけれども、係官がスイッチを切り忘れた時に「女子学生が一人死亡した模様です」というのが聞こえました。その時、唐牛と「女子が一人死ねば男はもっと大勢死ぬな」なんて言っていました（笑）。「これは大闘争になるぞ、早く出なければ」と言って。そしたら女の子しか死んでないって判って、唐牛と「なにをやってるんだ」と怒っちゃってね。

——二人が直接指導していたら、大変なことになっていました(笑)。そもそも拘置所の中で唐牛さんと話す機会はあったんですか。

❖時々、看守が運動に一緒に出してくれる時もありました。それに我々は同じ建物の同じ側でした。

建物が吹き抜けになっていて、通路があって両側に房が並んでいましたが、唐牛が一階の端で、私が二階の反対側の端だったので、大きい声で「一人死んだな」、「そうだなあ」、「これからもっと死ぬな」と。端から端までみんな聞こえているんですけどね（笑）。

――お弁当の差し入れがたくさんあったと聞きましたが。

❖そうそう、本は差し入れが出来ないけど着る物やお弁当はできるんです。唐牛のところにはいっぱい差し入れが来ていましたが、僕のところは全然来ない（笑）。唐牛が、「むこうにも回してやれ」なんて言って。ほんとに唐牛はもてましたよ。

シャバに戻って

――10月に出てきて、どのような感じでしたか。

❖浦島太郎ですよ。唐牛とどうしようかということになって、私もまじめでしたから、理論抜きにして闘争ばかりしていたから、理論でも最初からやろうということになりました。理論をまじめにやっているのは黒寛（黒田寛一）だと思って彼の所へ行きました。黒寛とは面識もありましたし、実行面は乏しいにしても、まじめに理論を勉強しているところは認めていました。唐牛と私が行けば向こうも助かるだろうということで。黒寛の弟子になったつもりはなくて、客分で行きました。学生運動が出来ないやつらに指導してやる、とそんなつもりでしたね。唐牛と私が行くものだから、ブントのかなりのメンバーが集まりました。

61年の4月、両国公会堂の全学連大会は分裂大会になり、昔のブントの仲間同士が派閥に分かれて戦いました。唐牛と私が指導する革共同側は誰が用意したのか長い棒を沢山持って防衛を図りました。私も昔の仲間を殴って全学連の人事の独占を図ろうとしたのです。殴った後で俺は何をやっているのだろうとつくづくいやになりました。

せっかく学生運動の再結集を図ろうとしましたが、ついてくるものも少ない。すでに対立は暴力的になっている、我々のやろうとしている革命運動というのも所詮、昔の同志を全て殺してしまったスターリンと同じ轍を踏まずには成就しないものなのか。唐牛と相談して学生運動から決別することにしました。

卒業、下獄

❖学生は普通、大学を卒業して就職するわけですよね。当時は就職しないことは飢え死にを意味していました。しかし唐牛と私は爆弾を背負っていたわけです。一審の実刑判決が出ていましたから。就職先で休暇を取って刑務所に行かなければならない。そんな会社がある訳ない。それでも大学の学生部に行ったら採用の掲示がまだ残っているわけです。1月頃かな、あれは。

私は九大の教養学部で1年滑っていましたが、東京から帰って来ると大学の方では私を早く出したがっていました。東京で学生運動をやってきたものですから、看板がピカピカしているわけです。こんなのが帰ってきたら学生があっという間に騙されてしまうっていうことで（笑）。こちらはもう学生運動をやる気はないけれどもね。向こうは「篠原さん、早く卒業してください」と。卒業といったって僕はゼミも取ってないし。しかし、向こうは「いや、なんとかします」と。授業も全然出てないのに「いや、なんとかします」って(笑)。しかし、大学側も教員に仁義を切らなくちゃならないから、学生部の人と一緒に教授のところへ回って挨拶したんです。

教養学部にいた頃はクラスを回っていたから授業に出ていましたが、学部に行ってからは一回も出ていません。

——東京にいましたものね。

❖そうです。しかし、その調子で「なんとかします」って、本当に卒業証書をもらっちゃいました(笑)。あんな好い加減なことはないですよ。二宮なんか可哀想に、教養部で学生運動をやっていたものだから除籍させられちゃって。卒業していないから就職と言ったってね…。しかし、総評や九州地方評議会、地評の書記というのがありました。でも、社会主義協会というのがありまして、我々がやっていた運動が反社会主義協会的な運動だったということで向坂さんやその弟子たちが邪魔して採用してくれないんですよね。ですから結局彼は卒業も出来ず就職も出来なかった。僕なんか、命をかけていくと言ったのに、のうのうと帰ってきて卒業しようって言うのだからひどい話です。

私が卒業したのは62年の3月ですけれども、その頃は景気がよくて1月になっても採用案内がまだ残っていたんですよ。僕が戻ったとき九大経済で1年ダブっていたのはその年3人いたんです。1人は箱島といって、今朝日の社長をしています。もう1人が白楽という男。僕は在学の時から彼と馬が合いまして、白楽ととても仲がよくなりました。彼は文学青年なんです。若松の作家のところに弟子入りしたんですよ。誰だったかな。

――火野葦平ですか。

❖そう、火野葦平。松本清張などが兄弟弟子だったそうです。それから、白楽は文学青年であると同時にボクシングもやっていまして、九大の教養部寮にバーを開くんですよ。それで、地元のチンピラを呼び込んで金を取って小遣いにしていたわけです（笑）。そういうわけで、「白楽さん」と言ってチンピラどもが寮の中をうろついていました。マージャンが非常にうまくて、ヤクザと九州一帯をマージャンを打って回っていました。学生でこんなのがいるんですからね。

それでね、彼の行動があまりにも目に余るけれど寮自治会では手が出せない。自治会に何とかしてくれと頼みにきました。そういうのを処理するのが自治会の仕事ですから、注意しに行ったんです。少し恐かったけれど。しかし話せば分かる男でした。

その時彼も就職が決まっていませんでした。箱島はもう朝日に決まっていました。白楽は文芸春秋に行きたいといっておりまして、彼は池島信平（ジャーナリスト、後に文藝春秋社長）と非常に親しかったので、推薦状を書いてもらったんです。それで文春を受けることになったんですが、その時悪巧みをして、「こうすりゃ九州からの電車賃くらい稼げる」ということで、学生部に行って「俺なんかが1枚の推薦状で就職できるわけないだろう」と言って推薦状を10枚くらいもらったんです。「駄目だったらまた学校に戻ってくる」なんて言って。

――すごい脅しですね。

❖残ってほしくないワースト1と2が来たのですから、大学もすぐひとり10枚ずつ推薦状を出してくれました。東京に行きました。東京では唐牛が待っていましたが、唐牛と白楽も仲良くなりました。私は最初から就職する気もなかったですが、白楽は文春を受けることになったわけです。白楽はそんなふうですが、とても頭のいい男で、文系で確か7番くらいの成績で入学していました。

東京では昼は就職面接を受けて旅費をもらい、夜は毎晩飲んでいたんですが、文春の前日も唐牛や私と一緒に飲んでいたんです。白楽は二日酔いでふらふらになって試験を受けに行ったんですが、その前の晩が土砂降りの雨で、奴は先輩のうちに泊まりに行くというから運んだんですが、途中水溜りの中にバシャッと落ちてしまったんですね。ズボンが濡れてしまったんで試験に行く時に先輩のズボンを借りて行きました。彼は大男ですから、ズボンが小さくて試験中に苦しくなって、それを脱いでしまったらしいんです(笑)。試験監督が注意したら「今忙しいから後にしてくれ。喧嘩なら後でいくらでも相手してやるぞ」とか言って。

唐牛の住所あてに巻き紙の手紙が来ましたが、当時の編集長から「白楽さん、あなたは池島信平さんの推薦状を貰っておきながら、池島さんの顔に泥を塗るような行為をしました。試験の結果は申すまでもありますまい。試験を受ける前に、その態度からして失格です」とありました。文春も落っこちてしまった、彼はがっくりしていました。前の晩飲みすぎただけで落ちたんですから。

彼と私はそれ以外にもいくつか受けて回ったんですが、結局、ある土建会社から合格通知が来たんです。仕方がないからそこへ行きました。大変才能のある男でした、今は九州にいます。

私達は就職したってどうせ監獄に入るんだし、「やるんだったらヤクザが面白い」と思っていました。後は「俺は最低の労働者の中へ入っていくんだ」と志していましたね。

田中清玄さんに相談すると、唐牛は清玄さんの東京事務所に、東原は名古屋の田中さんの共同企業に、私は神戸の山口組の組長田岡（一雄、三代目）さんが社長をしている甲陽運輸と言う会社に就職することになりました。

唐牛、東原、私の3人に田中さんは背広を作ってくれました。

田岡さんとは田中清玄の紹介で会って以来唐牛も私も意気投合する仲でした。酒は強いけれど意外にも生真面目な人でした。

でも、仕事は結構忙しいんです。貨物船の荷揚げをやるんですが、一昼夜働きつめに働かなければなりません。箱詰めの荷物は良い方で、バラ積みの鉱石や農産物は全身真っ黒、または真っ白になって働く重労働です。当然人足が必要になってくるんですけれども、手配師が手元で飼ってるんです。立ちんぼを集めてくるというのもありますが、そういう荒くれどもを自分のアパートに住まわせているんですよね。その上に山口組系の親分たちがひとつひとつ会社を持って、仕事を船会社から取ってくるんです。

全港湾というストばかり打っている共産党系労組を山口組は実力で神戸港から追い出したわけです。ストライキで麻痺状態だった神戸港はいっきに活力を取り戻し、取扱高全国一を誇るようになりました。輸出をして外貨を稼ぎ、国民に必要な食料を輸入するという当時の日本では死活的に重要な経済活動の一環をやくざが担っていたわけです。

私の仕事は船に行って、荷物ごとに料金が決まっているから、これはいくらっていう請求書を英文で作るんです。英文タイプもそろばんも必要でやらされました。両方ともその後の人生で役に立ちましたが、特に英文タイプは今でもインターネットやなにかに大変役立っています。最初は学士さまにそろばんなんかやらせるのかと生意気なことを思いましたがね。

そこには4年くらいましたね。辞める時唐牛のところに行ったら、「お前、今辞めたら困る」と言われたんです。事情を訊くと、唐牛は金がなくなっちゃって、田岡さんのところへ行って「篠原は俺の子分だから、そちらへ貸す代わりにいくらか」と言って百万円で手を打ったらしいんです(笑)。結局50万貰ってきて、あと50万が残ってるから辞めると困ると。「50万貰いに行くから、お前も来い」と言われましたが、私はそんなところへ行くの嫌ですからね。さすがに残りは貰えなかったらしいですが(笑)。まあ、唐牛はあんな調子だから、田岡さんにも随分可愛がられたんじゃないですか。他にもいろいろたかったんじゃないですかね。

――三代目田岡一雄氏とはどういうふうにお知り合いになられたんですか。

❖田中清玄のところへ出入りしていたときに会いました。当時私達は命懸けで闘ったために自衛隊を出動させると言う話もあったくらいで、自衛隊には負けるかもしれないけど、警察には負けないと思っていましたし、ヤクザも怖くなかったですね。また彼らがそういった力を持っているという点に非常に興味を持っていました。

酒を飲んで話しみて、肝胆相照らすような仲になりました。私が労働者の中に共産党じゃない新しい組織を作りたいと言ったら、田岡さんが「いいじゃないか、どんどんやってくれ」と。

よく酒を飲みましたよ。彼は非常に酒が強かったですね。僕はとても好きですね、あの人は。人間の魅力というか大きさがナンバーワンだと思いましたね。田中清玄、松本治一郎（社会党代議士、部落開放同盟委員長)、今里さんとも付き合っていただきましたが、その中でも決して劣らない人でした。まあ、唐牛は別格ですが。

——それで栃木に。

❖そうですね。一応高裁まで行きましたね。二審まではやったけれど最高裁まで行く必要はないんじゃないのと唐牛と下獄することにしました。ですから、私が10ヶ月の刑で唐牛が1年でした。巣鴨に6ヶ月いますから、その分を引いて私が4ヶ月、唐牛が6ヶ月いることになりました。私は4月に行ったのかな。64年頃の話ですよ。

——いろいろな罪状があったんですよね。

❖「暴力行為と処罰に関する法律違反」と、「公務執行妨害」くらいですよ。その後の70年安保では人殺しまであって無期などの長い刑もありますから、それに比べれば私達の頃はまだまだ牧歌的でした。

——しかし篠原さんの場合、逮捕歴が桁違いです。全部で13回と言われていますけれども…。

❖そうなんです。結局60年の10月末に出てきて、まだ社学同の委員長ですから、全てのデモの責任者になっていました。あの頃は動員が落ちてきていましたが、清水は相変わらず月2回のペースでストライキとデモを指令しています。その結果、当然私が捕まります。西部(邁)はいつか「おまえは逮捕要員だ」と言ったことがありますが、デモの指揮を楽しんでやっていたのだから、別に損したとも思ってもいません。

けれどもそのくらいじゃもう検事拘留までいかないわけですよ。警察拘留で2泊3日で終わりです。小さなデモですから。そういうのを毎回やって、福岡で1回、羽田で1回、4・26で1回、後の10回はそういう感じですよ。ですから警視庁なんて、顔というか、もう感覚がすれてしまって苦でも何でもなかったですね。悪かったですよ、あの頃…。留置場に入るといきなり他の留置人を蹴りつけてね。だから私が行くと警察が公安に文句を言うんですよ、「篠原は他の留置人をいじめる」と。こっちは「だから早く出せばいいじゃないか」と言いましたがね(笑)。留置所に入るのは日常茶飯事でしたね。デモでは血まみれになって機動隊とぶつかるし、逮捕されるときは公安の警官になぐられたり、蹴られたりするのですが、デモが終わってみればこっちもプロだし、向こうもプロで職業的な親しみを個人的に覚えたものです。佐藤英秀さん、蟹又さん、田島さんなど今でも名前を覚えている人たちと酒を一緒に飲んだりして親しくなりました。呑んだ翌日のデモではまた殴り合っていました。こちらの殴り合いは精神的にはすっきりしましたね。

——これは他の方から聞いた話ですけれども、篠原さんが刑務所にいる時に、山口組の田岡組長が面会に来たものだから、回りの受刑者がびっくりしたと。その後「篠原さんの子分にして下さい」と言い出す人まで出たとか。

❖それは栃木にいた時です。それを聞きつけて、子分にしてくれと言われました。「私は麻薬の売人で、絶対自信があります。何千万も稼ぎます」なんて。本当にもう…(笑)。

——子分にされなかったのですか。

❖しませんよ(笑)。

その後

――甲陽運輸の後はどうなさったんですか。

❖その後は東京に戻ってきました。僕がまだ神戸にいる時、例のTBSラジオの吉永春子の「ゆがんだ青春」の放送がありました(1)。あの時はインタビュー受けたかな。この事件で田中清玄との関係が暴露されました。暴露されるも何も、最初から隠していませんでしたがね。とにかくそんな騒ぎは神戸では深刻ではなかったんですが、唐牛にとっては非常に深刻なようでした。一部の人にとっては清玄との関係は隠したいことだったようです。僕や唐牛にしてみれば、隠すことでも何でもないんですが。しかし、当時は大問題になりました。

それで、唐牛は田中清玄の事務所を辞めるんです。そこから流浪の生活が始まるわけです。その時、松本治一郎が「うちの社会党系の仕事をしないか」ということを言ってきたんですが、嫌だと。もう政治的なことは止めようということで、ちょうど堀江健一（ヨットで単独太平洋横断、海洋冒険家）が帰ってきていたので、これからヨットが商売になるんじゃないのかということになりました。僕は大学でヨットをやっていましたから。それで、堀江と相談して一緒にヨット会社をやりました。

――名前はなんでしたっけ。

❖レッツ・ゴー・セイリング。しかし、商売にはなりはせんのですよ。堀江はやってられないと言って帰ってしまった。五島が一生懸命やったんですよ。例えば、どこかで釣りのえさになる虫と小エビを買ってきて、金沢八景に行って釣り人に売りつけるとか、そんなことまでやりましたが、唐牛はその程度の稼ぎじゃ飲み代にならないからというので、結局自分で飲み屋を始めてしまいました。しかし、自分で飲みつぶしてしまってね。

あの頃三代目は病気でしたが、甲陽運輸を辞めました。辞めた直後に山口組に対する取り締まりが始まりましたね。辞めた後にそういうことになって、後味が悪いから戻らなければいけないかなと思いましたが、結局戻りませんでした。

そうしたら、法政大学に大島という農学の教授がいたんですが、五島の紹介か何かで、「篠原さん、これからの日本は食糧が足りなくなる。特に肉がない。日本は土地が狭いから、外国に農場を作れば日本のためになる」と言われて、すぐに影響されてしまってね。台湾が良いということになって…、無鉄砲ですからね、紹介も何もなしに台湾へ行ってしまいました。

台湾ではあちこち探し回りました。すると、台湾の秘密警察の長官が私に会いたいと言ってきて、「篠原君、台湾に暮らす気はないか。ぜひ台湾で青年運動を起こして欲しい」と言われました。しかし、「僕はそんなの嫌だ。農場を探している」と言ったら、台湾の味全公司という会社、日本で言う味の素のような会社ですが、その社長に紹介してくれました。会ったらそこの社長とも意気投合して、「うちの農場120ヘクタールをただであげるから、牛でもなんでももってこい」と言って貰うことが出来ました。

しかし秘密警察には、「悪いけど、そちらの話は嫌だよ」と言いました。その頃、蒋介石がなんだか自分の養子を集めて育てようとしていたんですね。危うく蒋介石の息子になるところでした。

——そうなっていたら面白かったですね（笑）。

❖当時は日本人だ、俺はと思って。

しかし、大島という教授は土地さえあればなんとかなると言っていたのに、帰ってきたら「それはなかなか難しいよ」と言い出して。こっちは探してきたのに。駄目だと言うから大学教授というのは仕方ないなと思いました。

それで財界人の今里さんのところに飛び込んで「こういう土地があって、後は子牛を買うお金さえあればいいから、日本のためだ、お金を出して欲しい」とお願いしたんだけど、「これから日本は工業が発達して外貨を獲得するから、肉でも何でも買える。肉を作る暇があったら工業製品を作らなくちゃいけない。肉は台湾でも何でも作れるが、日本人は器用だし勤勉だから工業製品を作らなくちゃいけない」と言われて、すぐに「そうか」と思いました。そうしたら、彼が「君はうちへ来ないか」と言うものだから、機械工場だし、労働者と接する機会もあるだろうし面白いと思いました。「労働運動をやって良いのか」と言ったら「どんどんやって良い」と。唐牛と二人で行きたいと言ったら、良いということになって。ちょうどその時、今里さんが会長で、富士銀行からきた長谷川さんというのが常務でした。しかし、唐牛は直前になって「会社のために働くのは嫌だ」と言い出しました。私は面白そうだと思ったのでやることにしました。

行ってみると、最初は日本精工には入れないで、日本信号の子会社に入れられました。そこは共産党の巣窟でして、私が何をやったのかと言えば、共産党の追い出しですよ。私も有名でしたから、向こうも『赤旗』で書きたててね。こちらも売られた喧嘩ですから。ずいぶん苦労しました。味方になった労働者はみんなまじめな労働者ばかりですし、『赤旗』は毎号非難の記事を書きたてるし。仕方がないと思って、今里さんのところへ行って「これじゃあ、会社が迷惑するでしょう」と言いました。それで、日本精工に行くことになったんです。入ったのは69年かな。入ってまた労働運動をやることにしました。

話は飛びますが、日本精工というのは国策会社でして、ベアリング、軍需品ですから、当然社長がパージになって飛ばされて、九州から今里さんが呼ばれて、日本精工の社長になるんです。しかし、日本精工は組合が共産党系でものすごく強くて、てこずるんですね。その時、細谷松太という人物がいました。彼は非常に左翼的だけれども共産党から除名されていました。彼と今里さんが手を組んで、反共産党の労働運動をやりました。共産党を追い出した後、今度はこっちの組合が強くなってきました。当然左翼的で、今里さんがいた頃はよかったんですが、富士銀行から来たのが社長になったら合わないわけですよ。富士銀行の若造が、という感じで、社長就任のときにストライキをやったんです。私もそこにいましたよ。パーティーをやっているところに呼ばれて、今里さんがみんなの前で「この組合にはほとほと愛想が尽きた。篠原、追い出してくれ」と言うんです。組合の役員がいる前で。僕は自分の思うとおりの組合運動ならやるけれど会社に命令されてやる気はないので随分いやになりました。

——結局、組合つぶしというか追い出しをやったんですか。

❖意味は違いますが組合活動を真面目にやりました。69年に組合活動を始めて、81年に辞めました。13年やりましたよ。その間に私の考えも成長しました。ストライキは労働者にとって確かに重要な手段であるけれど、賃上げ交渉の度に「ストに訴えるぞ」では毎年恐喝をしているようなもので知恵がない。一人一人の労働者の幸せはやはり労働の中にある。それを資本家に搾取される奴隷労働のように受け止めないと労働組合が成り立たない、それは組合専従職員の都合ではないか、と考えました。ストライキが長期になるとこっそり自分の機械に油を差しに行く労働者が居るのです。彼らが、楽しくかつより効率よく生産できる環境を求めていく事が重要だと思うのでした。

その時も、若い組合員にひとりずつと話して仲間にしながらやりました。とてもいい経験をしましたね。当時ＩＴや工場の効率化、例えばＱＣ運動とか、川喜田二郎（日本の文化人類学者、元東京工業大学教授）のＫＪ法だとかいろいろな方法を使って。ひとつは現場の労働者の創意性を汲み上げて、職場を活性化します。それからコストダウンと品質管理。私が入った頃は、まだアメリカのフーバー社という会社の人間が監督官として来ていました。何をしているかというと、フーバーのブランドをつけたものを作ってアメリカに輸出するものですから、品質管理に来ているわけです。あれこれとうるさく言っていましたが、そういう中で鍛えられていくんですね。結局フーバー本社よりも圧倒的に品質の良いものが作れるようになりました。ですから、私がいるときではなかったですが、その後ＮＳＫはフーバー社を買収しました。

そういう中で、労働者と一緒に品質向上に努めました。会社はどんどん大きくなりますから、彼らも班長になり、職長になり係長になり、と昇進していきました。

ところが、事務職が足りないものだから大卒をどんどん入れるようになるわけです。かたや、集団就職で中学生の金の卵たちがやってくる。田舎では、高校や大学に進学するということを考えていないんですよ。お金がある、ないと言う問題ではなく、親が大学に行くのは庄屋の息子くらいだと思っている。ですから、ものすごく優秀な人たちが高校へ進学せずに就職してくるわけですよ。他方、都会の人はどんどん大学へ入る。結果的に出来の悪い大学卒が出来の良い工員の上に立つわけです。ですから、一生懸命やってきた質の良い労働者達が失望するんですよね。そういうのが目の前で見えるようになりました。せっかく優秀で、会社のためにやってきた人間が係長にもなれない。その上に大学卒が来る。彼らが煩悶する姿が見えてきました。私も何のためにやってきたのかな、と思い始めました。

組合も一応卒業したし、課長にもなってこれから会社経営に参画出来るかと思っていた矢先に今里さんが85年に「どうも篠原も出世が見込めないから」と言って小島さんを呼び、「お前、篠原の身元保証人になれ」ということで、当時とても勢いのあった大日機工というベンチャー企業に行くことになりました。突然課長から専務取締役になりました。85年からベンチャー企業を経営するようになりました。なんだか全学連と関係のない話になってしまいましたが。

70年安保以後

――では、70年安保について。

❖あの時私は日本精工の工場にいましたね。一度だけ刑事が来て「滝本はどこにいるのだろう」と訊きに来たことがありますね。「田中清玄がかくまっているという噂がありますがどう思われますか」

と。そんなこと知りませんがね。唐牛はあの頃、押しかけ女房のような感じで70年安保を手伝っていましたよ。後で話を聞きましたが。清丈や北小路が「もう一度戻ってきてくれ」と頼んだらしいです。私のところへは来なかったけれど。唐牛も何かやったんだろうけど、若い人たちが主体で、もうまさにシニア組になっていましたからね。

ですから、私は70年安保にはまったく関わっていませんし、知らないんです。後で篠田と付き合うようになって、彼からちょこちょこ話を聞くようになりましたが。

しかし、血みどろの分派闘争などは私たちの時に種をまいたようなものだし、それを収拾もしないで辞めちゃったので、若い人たちに申し訳ないという気がしています。

——唐牛さんとは亡くなられる前までには。

❖無二の親友でしたね。彼が結婚式を挙げたのは何年だったかな。61年だと思います。二度目の結婚の時は連絡がなかったんですが、最初の結婚の時は田中清玄はいなかったかな。草間がいたのかな。草間さんというのは「日刊労働時事通信」というのをやっていて、我々の運動を応援してくれていたんですが。お嫁さんの家で結婚式を挙げました。津坂さんと言って、北大では有名な女性闘士でした。美人でしたね。

——学生結婚されたんですか。

❖学生ではないね。唐牛は退学だし、奥さんも卒業してたんじゃないかな。しばらく食えなくて、青木のお袋がやっているニューオータニの焼き物の店を手伝っていました。

——青木さんもいろいろと…。

❖青木とも大変馬が合ってよく遊びに来ましたよ。思い出せばくだらない馬鹿話ばかりですね。

唐牛は84年に死ぬのですが、中野のお寺で密葬をするのです。私が幹事役でしたが、葬式の日に私が責任者の日本精工の営業会議が大阪でありました。お通夜を済ませて、葬儀は篠田に頼んで、大阪に飛んで行き、出られませんでした。当時会長だった今里さんから翌日呼び出されてこっぴどくしかられました。「親友の葬式にも出ない、そんな男と思わなかった。君には失望した」と。唐牛を思う気持ちが溢れていて、一言も無かったですね。

青山斎場の葬儀は赤字になって足りないお金を当時の社長だった長谷川さんが出してくれました。

――最後に、現在事務局長をなされておられるＢＨＮテレコムに関して教えていただきたいと思います。世界中駆け回っているようですが。

❖はい。この団体は92年に創立された団体です。その当時も先進国と途上国の電話の普及率に大きな格差がありました。その格差是正を目指そうということで出来たのがこのＢＨＮテレコム支援協議会です。

最初設立の時には事務局長は別の人がやっていましたが、この人が大変有能でしっかりＷＨＯから仕事を取ってくるような人でした。

ところが、脳卒中になって後任が必要になりました。小島氏が頼まれて創立の頃から手伝っていたんですが、その関係で私も時々手伝っていたんです。それで前任者が倒れたということで、私がやることになりました。例のベンチャー企業をやっていましたが、内紛があって追い出されてフラフラしていましたし。また会社に復帰しようと思って、それまでの間手伝おうと思っていたんですが、そのうち会社よりこっちのほうが面白くなってしまいました。

——何か最後にございますか。

❖私たちの学生運動というのはレーニン主義、労働者を前衛として暴力的に権力を取るということを考えていました。日本人というのはそういうのが好きですね。議会を使ってやる方法もあり、構造改革と言ってそれを実行している一部共産党もありましたが。そういうことをもっと真剣に考えれば良かったのかなと思います。

暴力的にやるというのは話は簡単で良いんですけれどもね。しかし後に何も残らない。一歩一歩積み上げていくことが必要だったのかと思います。ドイツなんかはそういう社会民主主義がよく整っています。理論的に非常によい政権だと思っています。元々がレーニン主義の暴力革命にこだわってしまったと言うのが実感ですね。

——大学時代はレーニン主義に傾倒されたと思いますが、それを離れたのはいつ頃になりますか。

❖そうですね。日本精工に入って労働運動を始めてからでしょうね。労働者の幸せは一人一人異なっている、それをひとくくりに搾取された階級と規定するのは、政党や組合指導者の自分の都合でしかない。結局、かれらもまた官僚組織になってしまって自分の都合の良いように組織を運営していくだけだと分かりました。

注

(1) 一九六三年二月二十六日のＴＢＳラジオ報道番組「ゆがんだ青春——全学連闘士のその後」は、唐牛健太郎（安保闘争当時の全学連委員長）や東原吉伸（同財政部長）、篠原浩一郎（同中執）などに関して田中清玄との関係について放送した。

※インタビューは平成15年6月12日に行われた。記録は板垣麻衣子及び三浦大紀が担当した。

第六章

森田実氏の証言

【森田実氏の略歴】

- 1932年静岡県伊東生まれ。小田原市の相洋中学・高校を経て、58年東京大学工学部卒。日本評論社出版部長、『経済セミナー』 編集長を経て、73年から政治評論家として独立。森田総合研究所主宰。著書は『森田実時代を斬る』(日本評論社) 等多数。フジテレビ、テレビ朝日、テレビ東京、ニッポン放送などで政治解説。また、『四国新聞』(森田実の政局観測)、『経済界』(森田実の永田町風速計)、『先見経済』(森田実の温故知新) などに常時執筆中。
- 学生運動では、56年砂川闘争を全学連中央執行委員(平和部長) として指揮。島成郎氏、香山健一氏らと協力して「六全協」後の全学連を再建した。58年共産党と訣別、60年安保闘争終了とともに左翼運動との関係を絶つ。以後、ジャーナリズムの中で生きる。

――政治評論活動30年をお迎えになり、ますますご活躍中の森田先生にやっとのことでお会いすることができました。たいへん光栄に存じます。

さて、60年安保闘争前の全学連を再建し指導した最高幹部は森田先生と島成郎さん（故人）です。その中心人物へのインタビューなくして全学連を語ることはできないとずっと思っておりました。

このシリーズでは、小島弘さんを皮切りに当時の全学連幹部だった5人の方々にインタビューしてきましたが、最後の証言者として、森田先生には当時の出来事を総合的にお話ししていただきたいと思っています。

島成郎君との出会い

――50年代後半の全学連運動は森田先生をはじめ島成郎さん（故人）、香山建一さん（故人）、小島さん、小野寺さんらが指導されたと了解しています。いろいろな切り口があるかと思いますが、まず、その当時の全学連幹部の人物評といいますか人となり、人と人との繋がりを語っていただき、徐々に60年安保闘争の話に入っていただければと思っております。

❖わかりました。当時の主だった人の話をしてみましょう。

私は一九五二年4月に東大に入学したのですが、その年の12月に共産党に入党しました。戦争が終わった時、私は中学1年でした。ほんの5ヵ月足らずの短期間でしたが学徒動員も経験しました。家業は建築請負業でしたが、一家の中心の長兄が戦死し、戦後の生活は大変でした。母の悲しみを近くで見るにつけ、戦争を起こすような社会に強い不信をもっていました。私は中学生の頃からマルクス、エンゲルス、レーニン、スターリンの著作を読んでいました。このためかなり左翼的な考え方をもっていました。ですから、もしも大学で文系に進んだら職業革命家の道へ進んだかもしれません。文系か理系かかなり悩みましたが、結局、一浪して理科一類に入りました。

当時、私には郷里沼津中学から沼津東高校を経て東大文科一類に入った友人がいました。彼はすでに共産党に入党していました。毎日毎日、駒場寮の私の部屋にやってきて「共産党に入ってくれ。一緒にやろう」と説得するのです。その煩わしさから逃れるためには共産党に入る以外に道がなくなるほどでした。やがて説得に負けて入党しました。中学の時から共産主義を信じていて主なマルクスの本はほとんど読んでいましたから、思想的なためらいはあまりありませんでした。ただ、左翼活動家の独特のスタイルや臭さは好きになれなかった。

そんな経緯で共産党に入ったのですが、入党の時の推薦人に生田浩二君になってもらいました。生田君は私と同学年でしたが、東大教養学部共産党細胞の幹部でした。生田君はその後米国へ留学して学者として大変期待されましたが、残念なことですが、事故で亡くなりました。

東大学生党員に理系は少なく、ほとんどが文系でした。とくに経済学部と文学部系が多かった。その数少ない理系の党員の一人が島成郎君でした。彼は私より2年上で一九五〇年に東大に入ったのですが、50年のレッドパージ反対闘争を自治会副委員長として指揮して退学処分を受け、その後復学して私と同学年になったのです。もう一人は佐伯（秀光）君。この人は秀才と言われた人です。佐伯君はその後、海外に出てモントリオール大学で研究者生活を送っていましたが、今は日本に帰ってきているそうです。

　こうしたことでまず知り合ったのが島成郎君でした。彼は数年前に医療活動を行っていた沖縄で病に倒れ亡くなりました。私は沖縄で行われた葬式に出席し、また、毎日新聞に請われて同紙に「追悼文」を書きました。島君との付き合いは一番長かった。

　われわれの時代の全学連（56～58年）の本部（書記局）には、香山健一、島成郎、小島弘、小野寺正臣、そして私（森田実）の5人以外にも何名かいました。57年までは高野秀夫（書記長）と牧衷（副委員長）もいました。

　島成郎君は俊才でした。親父さんはたしか京都大学物理学科出身の三羽烏といわれた物理学の大秀才と言われた研究者でした。他の二人は誰かというと、ノーベル賞を受賞した湯川秀樹と朝永振一郎の両氏です。島君の父親はその両氏と肩を並べる大秀才だったのです。島君のきょうだいも秀才揃いでした。お姉さんは御茶ノ水女子大教授ですし、お兄さんは東大法学部を卒業して当時の超エリートコースだった日銀に入っています。島君は最終的に医学部に進みましたが、当初は医学部コースの理科二類ではなく理科一類に在籍していました。後（54年4月）に医学部コースに移るのですが、これは学生運動をリードしていた最中のことです。医学部に合格できるのは桁違いの秀才でなければなかなかできないことでした。しかし彼の偉いところは、秀才なのに秀才ぶるようなことはなかった。ですから人に好かれました。とくに生田浩二君とは仲が良かった。

　全学連運動をどうもっていくか——運動路線をめぐって私と島君は時々論争したことがありました。しかし、いくらやりあっても友情を損なうことはありませんでした。島君は気の優しい男でした。ただ、信義に厚く純粋すぎて悩み苦しんだ。60年安保闘争のときもその後も非常に苦しんだと思います。60安保の後、よく一緒に酒を飲みましたが、悩み苦しんでいました。

全学連再建を彩った人々

話を少し前に戻します。私は52年に共産党に入党しましたが、当時の学生運動の拠点は学生自治会です。指導部はほとんど共産党員でした。私は入党する前に駒場の自治会の執行委員になっていました。翌53年春、2年になった時に新入生の教室を回って学生自治会活動に積極的に参加するよう呼びかけたのですが、その時に知り合ったのが佐藤誠三郎君（故人・元東大教授、元政策研究大学院大学副学長）であり、公文俊平さん（元東大教授、現国際大学グローバルセンター所長）です。

この時、自治会委員長の松本登久男さんから「今年、大物が入ってきた。次の自治会委員長候補だ。社研（社会科学研究会）の部屋にいるから会いに行ってくれ」と言われました。そこで会ったのが香山健一君です。駒場寮の社研の部屋で彼と初めて知り合いました。

香山君は昭和8年の早生まれで、昭和7年生まれの私と同学年ですが、戦後、大連から引き揚げてきたという事情があって入学が遅れた。日本に引き揚げた後、大変な苦労をしていて、高校時代から英語の家庭教師をして家計を支えたという話です。香山君はそういう苦労人ですからその当時から「大人」でした。香山君と島君も対立したことはありますが、喧嘩はしなかった。二人とも好人物でした。彼ら二人との友情、信頼関係は終生続きました。

島君は50年に退学処分を受け2年後に復学したのですが、その間、彼は共産党にかかわる問題で非常に悩み苦しみました。島君は宮本顕治率いる「国際派」のメンバーとして野坂参三ら主流派（いわゆる「所感派」）と対立していました。しかしコミンフォルムの「主流派が正しい」との決議を受けて自己批判させられたのです。すでに大学を去っていた武井昭夫や安東仁兵衛らは妥協せず復党しなかったが、島君は学生党員のほとんどが自己批判したという事情もあり、結局、主流派の党組織に復党した。この時の屈辱感が島君のその後の旺盛な活動のバネになったのではないかと私は思います。

私は感情過剰の学生運動のあり方にあまり馴染めなかったのですが、次第に深入りしていきました。全学連幹部から目をつけられて誘われました。53年に都学連の執行委員になりました。やがて都学連書記局細胞のキャップになり、全学連の運動により本格的に入っていくようになりました。

私は53年9月に工学部に進学、54年春からは本郷に移りました。理系の学生は文系に比べて政治活動への関心が薄い。それに理系の授業はかなりきびしい。同じ1単位を取るのに理系は文系の4倍くらいの時間がかかった。私は学生運動に時間をとられてあまり授業に出ていませんでしたが、たまには必要な授業には出ました。その授業時間は午前は8時から12時10分まで、午後は1時から4時まで──1日7時間拘束です。これをこなさくては卒業するために必要な単位は取れません。55年までは学生運動と勉強を何とか両立させていたのですが、56年になると両立は不可能になった。

私が全学連中央執行委員になったのは一九五六年でした。大学5年生でした。島君は医学部、私は工学部でした。二人とも書記長をやれといわれたことが一度だけありましたが、すぐに断りました。医学部や工学部からは三役は出るべきでないとみんな思っていました。全学連の委員長、副委員長、書記長になるのは、学生運動が強くていつでもストライキができる学部の出身者がよいという暗黙の空気がありました。私は一度だけ東大工学部自治会大会でアジ演説をやって工学部をストライキに入れたことがあります。56年頃だったと記憶しています。その後の70年代の全共闘時代には東大工学部は無期限の全学ストに入りましたが、50年代には東大工学部のストはこの一度だけでした。私は委員長、書記長などのポストにはつきませんでしたが、しかし共産党細胞キャップとして全学連書記局の運営に責任を負っていました。56年の全学連三役は、香山委員長は東大経済学部、牧副委員長は東大文学部、高野書記長は早大文学部でした。

少し時代が前に戻りますが、54年秋、私は胃潰瘍を患って3ヵ月間、郷里の伊東に帰り療養生活を送りました。いま胃潰瘍は大した病気ではないと考えられていますが、当時は重病として取り扱われていた。その頃ちょうど胃カメラによる検査が始まった頃でした。私はタダでいいからというので東大病院で胃カメラの検査を受けたのですが、いまの胃カメラとは比べものにならないような太い管のついた大きな胃カメラを喉から突っ込まれました。ところが抜く時に喉につっかえてしまい大変でした。命がけの人体実験でした。大学病院というところは油断のならないところで、私はていよく胃カメラの実験台に使われたのです。当時私は都学連の細胞キャップをしていました。

東大細胞キャップ

療養を終えてから本郷の東大工学部に戻りました。本郷に移った直後に東大細胞キャップになったわけですが、当時本郷には共産党員が約2百人いました。そして、55年7月28日の日本共産党「六全協」において、共産党中央は、50年の分裂は誤りだった、その後の武装闘争方針は極左冒険主義だったと自己批判します。私は50年の分裂問題には直接関与していませんが、その後に火炎瓶や竹槍をもって武装決起を試みた運動を冷ややかに見ていました。私は、一言で言えば「共産党トップにはろくな奴はいない」と見限っていました。日常生活で国民と接触している党員は、一般国民の支持を得ようと努力していますから中央幹部と比べて常識的なのですが、組織の上にいくほど「自分は革命運動に奔走している」という理由に甘えて傲慢になり、世の中の常識からかけ離れた非常識な存在でした。だが、上級組織や中央組織は批判できません。共産党は民主集中制の「民主」は名ばかりの官僚組織でした。上を批判をすれば「査問」という名のリンチを受ける陰惨な世界でした。私は52年の入党以来、その実態を見てきましたから、「いつかは変えなければならない」と心ひそかに決意していました。ですから、「六全協」のあと、私たちは党中央批判に激しく立ち上がりました。最も激烈だったのが島成郎君でした。つらい過去を背負っていたからです。

たしか55年8月10日だったと記憶していますが、「六全協」後、共産党東京都細胞代表者会議が浅草公会堂で開かれました。地下に潜っていた野坂参三、志田重夫、紺野与次郎、そして表にいた宮本顕治、この四人の最高幹部が出てきて演説をしました。私は東大細胞キャップとしてこの集会に出ていたのですが、この四人の演説は重要だと考えて克明にメモをとりました。

その直後、私は東大細胞の総会を招集しました。場所は目黒のお寺、この場をセットしたのは佐藤誠三郎君でした。この席で私が克明にメモを取った中央幹部四人の発言内容を読み上げたところ、近くから「ウォーッ」という動物の雄叫びに近い叫びがあがった。誰かと思って見ると島成郎君でした。島君はそのあと立ち上がって激しい反共産党中央の演説を行いました。これがきっかけになって、「われわれがやってきたことは間違いだったのか」「われわれの青春を返せ」という大合唱が巻き起こったのです。そのあげく、「東大細胞キャップをやっていた森田よ、責任をとれ」との糾弾の声があがり、何人かが私に迫ってきました。私が悪いわけではないのですが、混乱回避のために私は辞任しました。あとを継いだのは柴垣和夫君（のち東大教授）でした。しかし、彼は半年でその座をおりました。運動よりも学問の道を選んだのです。

このあと、また私が細胞キャップに復帰しました。それから島、森田の二人で東大細胞を指揮しました。それだけではなく島君と私は全国の学生運動の再建にとりかかった。

その頃の私たちの最大の課題は全学連の再建でした。そこで56年4月に島君が全学連中央執行委員になった。書記長は香山君でした。彼は初めからリーダーになると約束されていた抜群にすぐれた人物でした。

56年6月、島君から「全学連にきてくれ」と説得されて私は東大から全学連に移りました。香山君は委員長になりました。香山委員長を島君と私が中央執行委員として脇を固めるという体制を整えたのです。副委員長は牧衷君、書記長は早稲田学生運動のリーダー高野秀夫君でした。この時、中央執行委員になったのが小島弘さん、小野寺正臣さんでした。島君は中執に留任。私は中執（平和部長）になりました。共産党での役割は、私が全学連細胞のキャップになり、香山君が地方を含めた全体のグループキャップになりました。

全学連再建のために私が全学連に出たのと同時に、小島弘、小野寺正臣の両君が全学連に出てきた。小島、小野寺両君とも苦労人でありながら、人を疑うことを知らない真っ正直な好人物でした。その上、大変非凡な能力の持ち主で、のちに副委員長と書記長になりました。小島君は生まれ年は私と同じですが、学年は4年ほど下です。その間働いて家計を支えていたのです。ですから、社会をよく知っていて現実的思考がある。明治大学から彼のようなすごい奴が出てくるとは思わなかった。こんなことを言うのは初めてです。普段、私はこんなに人を褒めたりはしませんからね。（笑）

小野寺君は高野秀夫書記長が辞職した後、書記長になりました。彼も同じような苦労を経験をしています。彼の父親は京大法学部でのエリート、おふくろさんは美人で底抜けに明るく親切な人で、われわれは腹をすかすと飯を食わしにいかせてもらいました。小野寺君は弟さんが身体障害をもつ人で苦労していたのですが、そのことを一切口にしなかった。私も人づてに聞いただけでした。

実質的には島成郎、香山健一、小野寺正臣、小島弘、私の5人が中心になって全学連を再建しました。私の肩書きは全学連平和部長でした。当時、安井郁法大教授が原水爆禁止運動を指導しておられました。私は署名運動を手伝ったり、イギリスが核実験を行ったため英国大使館に抗議デモをかけたりしました。ただ初めはデモ参加者は哀れなほど少なくわずか数名。蛇行デモにならない。頭だけでした。それでもめげぐずに何度もデモを繰り返しているうちに次第にデモ参加者が増え、運動が広がりました。

60年安保の原型――砂川

❖一九五六年5月のある日、「清水幾太郎先生（当時学習院教授）が君に会いたがっておられる。会ってくれ」という話が先生の教え子の方からありました。清水先生は日本を代表する社会学者で、われわれ学生にとって神様のような人でした。指定された四谷の鰻屋に行ったところ、清水先生、前年まで総評事務局長だった高野実さん、砂川基地反対同盟行動隊長の青木一五郎さんの3氏がいました。高野さんは戦後労働運動のシンボルのような大物で、哲学者のような風格の人でした。今テレビでコメンテーターとして活躍している高野孟さんは高野実さんの息子です。青木さんは「土地に杭は打たれても心に杭は打たれない」という名台詞をはいた一徹者で、青木さんのこの一徹さが砂川闘争を支えたと思います。このときに3人からいわれたことは、「総評と社会党は地元の農民を見捨てた。もう頼りにならない。全学連よ、力を貸してくれ」ということでした。清水先生の言葉は「寸鉄人を刺す」という感じでした。やらねばならぬと思いました。

共産党は当時、火炎瓶闘争などを行った極左冒険主義の後遺症があって嫌われ者でした。ですから、砂川闘争に参加したくても、砂川基地反対同盟の要請がなければ出て行けない。でも私は、近い将来、そのチャンスは来るとひそかに思っていました。その時に清水先生たちから「全学連よ、力を貸してくれ」と要請されたのです。明治生まれの大物3人に囲まれて口説かれるのは男冥利に尽きると思い、その瞬間、私は大学を卒業して技術者の道を歩むことを諦め、留年して運動に専念することを決意したのです。

学生を砂川闘争に立ち上がらせるために私がやったことは、まずバスを借り切り、駒場の正門前で「砂川に行こう」と演説をして、賛同者を乗せて砂川まで案内することでした。はじめは二、三人。しかし繰り返しているうちにバスを何台も連ねることになりました。砂川に着くまで私は日米安保条約の不当性と日本国憲法について繰り返し演説しました。次に早大へ、そして明大へ、さらに法大、中大へと行きました。その繰り返しのあげく、参加者は次第に増え、借り切りバスの台数も増えていった。早稲田大学や明治大学の人たちも早くから呼応しました。土屋源太郎君は都学連委員長になった男ですが、かれは小島君と並ぶ明治の大物学生活動家でした。早稲田にも活発な活動家が多かった。そうして砂川闘争が盛り上がりました。闘争委員長は私、小島、小野寺両君がサブリーダーとして私を支えてくれました。

56年秋、砂川闘争最後の決戦を前にして、3百人ほどの学生たちが小学校の講堂で寝泊まりしていました。そして、毎日、多くの学生がバスで駆けつけてくる。学生たちは時間があれば子供たちの家庭教師をしたり、医学部の学生は健康相談に乗ったり、あるいは農繁期の農民たちの手伝いをしました。これによって全学連の学生は砂川の農民たちと溶け合ったのです。当時の学生は礼儀正しく真面目でした。

そして「流血の砂川」と言われた56年10月の激突に至るわけです。小島君は激突の時に傷を負って血だらけになりました。砂川では私が毎日演説していたのですが、10月13日は小島君に演説を譲りました。血だらけの小島君の姿には鬼気迫るものがありました。小島君は頭から血を流したまま阿豆佐味天神で演説した。この時の盛り上がりはすごいものでした。

日本の学生運動が最も盛り上がったのはこの砂川闘争から60年安保闘争の5年間でした。国民の支持を得てわれわれは砂川に延べにして数万人を動員することができた。大変やりがいのある運動でした。

高野グループとの対立

――森田先生は「砂川闘争の英雄」と言われています。実際、先生がお書きになった本（『戦後左翼の秘密』）でも、「砂川闘争は60年安保闘争の原型になった」とおっしゃっています。例えば次の文章が印象的です。引用しますと、「運動のやり方として当時私が考えたのは次のようなことでした――全学連の学生の役割は、現地農民の前に立ち、警官隊の振り下ろす棍棒を体で受けとめ、強制測量を阻止することだ。私のねらいはこうした犠牲的行動を通じて鳩山内閣の強制収容という理不尽な行動への批判を、国民の間に高めていこうということでした」という部分です。砂川闘争は国民を味方につけたからこそ成功したのだと思います。

また学生運動にとっては、多田（靖）さんが「この闘争の中でおびただしい活動家が育成された」と言っているように、政治闘争に直接参加し目的を達することによって全学連の自負と自信が醸成され、学生が成長したことが挙げられるのではないでしょうか。小野寺さん、小島さん、生田（浩二）さんをはじめ、清水（丈夫）さん、塩川さん、さらに当時北大の一年生だった唐牛（健太郎）さんもこの砂川闘争に参加しています。このような実践的な経験は後の全学連運動に大きな影響を与えたと考えられます。

このように砂川闘争は全学連として最も成功した闘いですが、その後、森田先生は、当時全学連書記長だった早稲田の高野秀夫さん、副委員長だった牧衷さんたちと袂を分かつことになります。その辺の事情についてお話しください。

❖砂川闘争は奇跡的な勝利を収めた闘いでした。最後はわずかな未測量地をめぐっての攻防になった。私が現場で指揮をとるため、闘争本部のあった町役場を出て最前線に行ったところ、それまで測量を阻止するために警官隊と肉弾戦を繰り広げたため学生・労働者の怪我人が続出していて、いたるところに血だらけの学生や労働者がいた。残っているスクラム隊は二、三列のみ、みんなへとへとでした。それでもインターナショナルや民族独立行動隊などの歌を歌って気力を振りしぼって機動隊と対峙したのですが、最後はそんな歌を歌う元気もなくなっていた。そこで童謡を歌えと言って歌ったのが「赤とんぼ」です。そして日没を迎えて、機動隊と測量隊は引き上げた。時間切れになったのです。鳩山内閣は砂川基地拡張に失敗するのです。それが砂川闘争最後の瞬間でした。少しだけ測量しない土地が残ったことを知って、私は勝ったと思った。日没に救われたとも言えますが……。それにしても多くの学生、労働者の血が流れました。このことが、のちの全学連の内部抗争の原因となりました。

全学連の体を張った抵抗によって測量中止になり全国の学生がわき上がりました。

全学連運動の拠点は東京ともう一つは関西です。その中心が京都でした。京都からは多くの学生が砂川に来て、われわれ東京の学生と一緒に闘いました。資金カンパも多かった。

砂川闘争が終わった瞬間、「京都で集会を開く。ぜひ森田に来てほしい」との要請が京都から入りました。それでその日のうちに京都に向かうことにしました。一緒に闘って仲良くなった労働組合の人たちがそのことを知り、「夜行で行くなら時間がある。打ち上げの会を開いて乾杯しよう」と言うのです。私は乾杯して別れるつもりだったのですが、「ここで別れるのは辛い。まだ時間はある。立川に行って飲み直そう」ということになり、かなり飲みました。そして立川駅のホームで「万歳」の合唱を受けて私は送り出されました。

そこまではよかったのですが、それからが不覚でした。立川から中央線で東京駅に行き、夜行に乗って京都に向かう――これが私の予定でした。ところが、昼夜を問わずに闘争指揮に当たって疲れ切っていた上に酒を飲んだため、車中でぐっすり寝込んでしまい、駅員に揺り動かされて目を覚ましたのが午前1時半頃、終点の浅川駅（今の高尾駅）でした。東京駅を折り返して逆戻りしてしまったのです。夜の1時半をすぎていました。浅川の旅館の一室に同じような酔っぱらい10人ほどと一緒にザコ寝し、翌朝、朝早く起きて東京駅に向かったのですが、カネがない。しかたなく金持ちの高野秀夫書記長に「これから京都に行くが、カネがないから持ってきてくれ」と電話した。私は高野君とは仲が良いと思っていたので気安く頼んだのですが、このことが高野君の怒りをかった、とあとで知りました。

これも後でわかったことですが、考え方の差もありました。現地と書記局との対立です。その時、私は、高野、牧両君ら全学連書記局の諸君がわれわれ現地で戦っている者を批判的な目で見、反感をもっているとは夢にも思っていなかった。そんな情報は私の耳には全く入ってきませんでした。砂川闘争のことは毎日のように新聞に大々的に報道され、ニュース映画にも取り上げられる。当時、テレビは一般に普及していませんでしたから、実際の模様を映像で知るのは映画館で流されるニュース映画でした。そこではわれわれ現地派の人間にスポットがあてられ、私の演説もたびたび流された。高野君ら書記局に詰めていた人たちは、自分たちが直接関与していない砂川闘争が世間に派手に取り上げられるうちに、現地の連中は好き放題にやっていて、しかも大勢の怪我人を出していると批判的に見るようになっていたのです。私はポストとか自分の名誉とかには関係なく、砂川闘争に百パーセント集中していただけなのですが、もう少し書記長ら書記局との連絡をよくしていればよかったとあとで反省しました。この配慮がなかったために全学連内に亀裂が生まれてしまったのです。

もともと香山委員長と高野書記長というコンビはあまりそりが合わなかった。高野君には東大に対する対抗意識がありました。東大組にはそういう感情に対する配慮がなかった。島成郎君と高野、牧衷両君は旧制都立高校時代からの仲だったのですが、島、高野両君の関係にはデリケートなものがありました。両君も砂川闘争後に袂を分かつことになった。

話を元に戻すと、全学連書記局の高野君らが砂川闘争を戦ったわれわれ現地派に対してそんな感情をもっているとは露知らずに、私は「カネを持ってきてくれ」と電話した。高野君の側に立てば、「森田、けしからん」と思うのは当然でした。

その朝、私は「つばめ」に乗って京都に向かいましたが、その途中で発熱して悪寒が止まらなくなった。京都に着いて会場に向かう途中、薬局で熱を測らせてもらったところ、40度もあった。迎えに来てくれた立命館大学の横田馨さんが「これは無理だ」と即決して病院に担ぎ込んでくれたのですが、その時には意識を失っていました。後に聞いたところによると、肺炎で危篤状態だったようです。目が覚めたのは3日後でした。横田さんら京都の学生運動仲間の親切のおかげで私は死線を越えたのです。

結局、京都の集会には出ることができませんでした。退院したその日に東京に戻ってきたのですが、私の留守中に高野派のクーデターが成功して、私は平和部長を解任されていました。香山・島両君も書記局にあまり出てこないとのことでした。全学連書記局は高野独裁体制というか、高野・牧衷両氏の天下になっていました。中間派だった人たちも、久しぶりに復帰した私を敬遠していました。私には発言する機会もなければ、座る場所もないような状況でした。

後日、中央執行委員会が開かれることを知り、やっと出席することができました。しかし周りは敵だらけという雰囲気でした。私を支持する人間は小島、小野寺両君くらいだったのではないでしょうか。それでも私は頃合いを見計らって立ち上がり、猛烈な高野批判演説をしました。かなり反発が出ましたが、しかし私は高野批判演説をつづけました。しばらくすると変化が起きました。高野体制のもとで弾圧されながら様子見をしていた中間派が私に理解を示すようになりました。そして間もなく大逆転が起こりました。高野グループは全学連書記局から一掃されました。

この間、私は高野書記長に直接対決を求めつづけました。高野君の家にまで足を運びました。牧副委員長も追いかけました。しかし彼らは私と会うのを避けました。後で友人から、「あの時、君は毎日、鬼のような形相で『高野、牧出てこい』と怒鳴りつづけていた」と言われました。高野君が支持を失った最大の原因は、彼が「威張った」ことにありました。

「6・1事件」

❖55年の「六全協」後、私たち全学連幹部は共産党中央と激しく対立していました。この共産党中央との戦いは砂川闘争から2年続きました。そして共産党中央は私たちと高野グループの亀裂に乗じて、高野グループを支持して全学連に干渉しようとしてきた。これが契機になって共産党中央と全学連との全面戦争になるのです。私たちの側には初代全学連委員長で共産党東京都委員長の武井（昭夫）さんらがつきました。一時は共産党中央をかなり追い詰めたのですが、結局は敗れました。『民主集中制』の神話というか、「下級は上級に従え」「少数は多数に従え」「全党は中央に従え」という共産党の中央集権制を壊せなかったのです。

58年6月1日に共産党全学連グループ会議が代々木の共産党本部で開かれたのですが、ここで激突します。この会議の前日まで杉並公会堂で全学連大会をやっていたのですが、そこで乱闘が発生しました。全学連書記局から追放された高野グループが壇上に駆け上がってきてもみ合いになりました。このやり合いではわれわれの側が強く、高野グループを会場外へ追い出した。翌日、その延長戦で共産党本部で党中央と激突したのです。この時もこちら側が強く、簡単に本部からたたき出してしまい、われわれが党本部を占拠する形になった。このときナンバー3の座にいた紺野与次郎書記局員が出てきたので党中央の指導の過ちを追及したところ、彼は人が良くて、こちらが拍子抜けするほどあっさり自己批判してしまった。そのために彼はかわいそうに後に責任をとらされ幹部の座から追放されてしまいました。

「6・1事件」がもとで私は中央委員会の決議で共産党から除名されたのですが、7月18日の除名発表の前日、新聞記者が「森田君、君は明日党から除名されるぞ」と教えてくれた。その当時、新聞記者には早大政経学部出身者が多かったのですが、彼らははじめ私を同じ早大の後輩だと思い込んでいた。「君は早大だろう。政経か文学部か」と言われて、「実は東大工学部だ」と答えたところ、「冗談はやめろ」と言われました。(笑)そんなことで新聞記者の人たちと親しくなって、砂川闘争の時もいろいろな情報を教えてくれ助けてくれました。

明日除名されると知ったちょうどその日、東京都細胞代表者会議が開かれました。私は当時、全学連書記局細胞キャップと共産党文京地区委員長をしていました。私はこの会議に出席し、「党員諸君、君らともこれでさらばだ」と別れを宣言し、演説しました。すると上田耕一郎氏や安東仁兵衛氏らが騒ぎ出し、「除名される奴はいますぐ会場から出てゆけ」と壇上に駆け上がってきた。私は「除名されるのは明日だ。今現在は党員だ」と言って彼らの要求をはねつけ、演説をつづけました。

――その時に除名処分にされたのは森田先生と香山さん、そして野矢さんの三人ですね。

❖あの頃、周りの人から「森田、香山の二人だったらイメージがよかったのに、野矢がつけ加えられてイメージが悪くなった」とからかわれたものです。(笑)

――野矢さんは変わった方だったと言われていますが……。

❖変わり者ではありました。ただ言われているほど粗暴な人ではなかったと思います。面白い人でしたが、誤解されやすかったのではないか。彼は旧制一高時代から変わり者として通っていて、みんなから異常者のように扱われて敬遠されていました。ただ、彼は「6・1事件」に関わっていないし、除名処分を受けるようなことは何もしていなかった。後から聞くところによると、共産党中央本部は、野矢氏を一緒に除名することによって、英雄視されていた香山・森田のイメージダウンをしてしまえということだったようです。

警職法闘争に至る軌跡

——その後、共産党を離れて全学連を指導されたわけですが、運動の主眼は大衆運動に置かれていたと思います。58年の警職法反対闘争から60年安保闘争に至るまでの全学連の運動についてお願いします。

❖その前に戦後の大衆運動を簡単に整理してみましょう。サンフランシスコ講和条約が締結されたのが51年9月8日、翌52年4月28日に日本は独立するわけです。

独立回復と同時に吉田内閣が真っ先に取り組んだのが52年の破防法（破壊活動防止法）制定でした。われわれ学生はこれに対して反対運動を起こしました。「第二の治安維持法を許さない」として、破防法反対運動は盛り上がりました。大学に入学したばかりの私も反対デモに参加して、警官隊に棍棒でぶん殴られたりしました。あの時は一兵卒としてかなりやりました。東大入学にあたって親父が無理してこしらえてくれた洋服はすぐにボロボロになってしまいました。

独立回復直後に起こったのが52年5月1日の「血のメーデー事件」です。私は親類を訪ねる約束があり当日昼のデモには参加しなかったのですが、前夜の集会からものすごい盛り上がりというか、みな興奮状態でした。当日、夕方から闘いになると思って駒場寮に戻ってきたところ、皇居前広場での流血事件が起こった後でした。駒場寮では警官隊突入に備えて、みんな興奮状態でした。夜に警察機動隊が来て、深夜までにらみ合いが続きました。

その後大衆運動とくに全学連運動は沈滞期に入りました。当時、共産党内部ではスパイ摘発事件など陰惨な事件が続出していた。党内で私たちはそれこそみんなが胃潰瘍にいつなってもおかしくないような神経戦を繰り広げていました。全学連再建に目を向けるような状況にはありませんでした。

ところが55年夏の「六全協」以後、学生党員は元気になります。56年、大学授業料値上げ問題が持ち上がり、学生みんなが反対の声を上げた。「これぞ学生運動再建のチャンスだ」と思いました。48年の全学連結成に至るそもそもの動機も授業料値上げ反対です。「当時の学生は政治意識が高く、政治問題で立ち上がって全学連結成に至った」という見方がありますが、これは間違いです。貧乏だった学生が授業料値上げという経済問題に敏感に反応し反対して立ち上がったのが全学連誕生のきっかけでした。これにヒントを得て私たちは授業料値上げ反対運動に取り組みました。島、香山両とともに私は全学連再建に取り組んだのです。

そこへ原水爆実験が重なった。54年3月に第五福竜丸がビキニの米水爆実験により被災し、杉並の主婦たちが起こした原水爆反対の署名運動に多くの署名が集まるなど、原水爆反対運動は静かに広がっていった。戦後、占領下ではヒロシマ・ナガサキの体験を語ることはタブーになっていた。その中で私は丸木夫妻の絵を持って原爆の悲劇を知らせる運動を始めた一人なのですが、はじめは反応は鈍かった。しかし、第五福竜丸事件で火のついた反原水爆運動は、56年のイギリスの原爆実験によって急速に広がりました。

55年に第1回原水爆禁止世界大会が広島で開かれ、翌56年に第2回大会が長崎で開かれた。全学連はこの長崎大会から参加したのですが、全学連は長崎に泊まり込んで原水協の安井郁事務総長を手伝いました。私は世界大会のスポークスマン役を務めました。

もう一つは沖縄問題です。56年6月にアメリカ占領当局からプライス勧告が出された。これは米軍が必要だと考えたら民間の土地であろうと軍用地として強制収用するというきわめて乱暴な内容のものでした。おとなしい沖縄の人たちも耐えきれなくなり反対運動に立ち上がり、東京に訴えに出てきた。訴える先は政権を握っていた自民党です。自民党が結党されたのは55年11月、誕生ホヤホヤでした。このプライス勧告反対運動に全学連が加わることを腹の中では嫌がっていたと思いますが、それを表面に出さなかった。そんなことをしたら沖縄の人たちから背を向けられてしまうことを知っていましたから。それほど沖縄のプライス勧告への怒りは強かった。

長崎の第2回原水爆禁止世界大会にプライス勧告反対運動に立ち上がった沖縄の人たちを招き世話したのが島成郎君です。これをきっかけにして島君と沖縄の人たちとの間に友情が芽生え、彼は東大医学部を卒業した後、沖縄で医療活動にあたったのです。

原水爆実験、沖縄問題以上にわれわれが取り組んだのが「小選挙区制」反対でした。これは国会内でも大乱闘が繰り返されるほどでした。学生も労働組合員とともに立ち上がりました。ストライキ、デモを毎日のようにやりました。

このようにして大衆運動が盛り上がり、全学連も勢いづき、56年秋の砂川闘争に至るわけです。57年、砂川の米軍基地に入ったとの理由で小野寺書記長が逮捕されました。この時、小野寺君の写真が朝日新聞一面に掲載され、彼は一躍砂川闘争の英雄になりました。

58年から日米政府間で日米安保条約改正交渉が始まります。同時期に岸信介内閣は警職法（警察官職務執行法）改正案を国会に上程します。しかし当時、戦前「おい、こら」と権威を振り回して国民大衆を脅かしていた警察に対する国民の警戒心は強く、全学連は労働組合・総評とともに警職法改悪反対運動に立ち上がりました。連日、何万ものデモ隊が国会を包囲しました。結局、警職法改正案は58年11月の岸信介自民党総裁・鈴木茂三郎社会党委員長による党首会談によって廃案になるのですが、政府提案の法案が反対運動によって廃案になるというのは異例のことでした。これによって大いに大衆運動は盛り上がるのですが、私は、警職法改正案廃案の裏側には、石橋湛山さんや河野一郎さんなどの自民党実力者が岸内閣の強引な警職法改正に異を唱えたことが大きかったと見ています。

警職法改正反対運動に勝って反政府の大衆運動が大いに盛り上がったところで始めたのが60年安保闘争でした。

この安保改正は、条約としては、51年に結ばれた第一次日米安保条約に比べてかなり改善されたものでした。しかし、占領下で結ばれた条約は、占領終了後無効になる――これが国際法の常識だと考えていました（この考えを出したのは安倍能成、清水幾太郎、丸山真男氏ら岩波文化人の「平和問題懇談会」だったと記憶しています）。岸信介首相は、にもかかわらず占領下の条約を正当化した上で改正をはかろうとした。全学連は、安保改定によって日本帝国主義の復活を心配しました。

もう一つ、何よりも大きかったのは、「A級戦犯の岸信介が日本の首相になるとは何事か」「岸が進める日米安保改正を許せば『平和国家・日本』の立場は損なわれる」との思いでした。岸信介氏に対する反感が高まるとともに60年安保闘争が盛り上がっていったのです。

「1・16羽田事件」秘話

❖59年11月27日、国会請願を行っていたデモ隊が全学連を先頭にして国会構内に突入しました。国会構内がデモ隊と赤旗で埋まり、まるで革命前夜というような感じでした。これで安保闘争にさらに盛り上がりました。

その後、59年12月10日の反対デモの時、全学連の指導部は「もう一度国会突入をめざす」という方針を決めます。これに対して私は「二匹目のドジョウはいない」と強硬に反対し、この方針を強引に潰しました。これをきっかけに過激な若い学生たちと間に決定的な対立が生まれ、「森田は敵の手先ではないか」というデマまで飛びました。私はこれが学生運動から引退する潮時だと思い、学生運動から去りました。ブント（共産主義者同盟）結成に力を尽くしたのは島成郎、生田浩二の両君です。私もブント結成時に島、生田両君などとともに書記局メンバーになりましたが、止めるならすべてから身を退こうと考えてブントからも脱退した。

これでさっぱりしました。本当にさっぱりとして自由人になりました。そして結婚しました。完全に左翼革命運動から自由になったつもりでした。ですが、なかなかそうはいきませんでした。

60年1月15日、当時、社会党の成田知巳さんの秘書をしていて、のちに護憲運動のリーダーになった牟礼氏から結婚披露宴の司会をやってくれと頼まれ、会場の神田一橋の学士会館に行っていました。その時、毎日新聞の警察担当の白木東洋記者から連絡が入りました。「重大な情報がある。岸首相が新安保調印のために明日羽田を発つ。全学連はこれを見逃すのか」――一種の挑発ですよね。それを承知した上で、私が「出発は何時だ」と聞くと「朝7時だ」と言う。私は白木情報を百パーセント信じたわけではない。白木さんは友人でしたが、典型的な警察記者でした。新聞社が警察情報を取るために警察と一体化していることは十分承知していました。

その後、いろいろ情報を集めると、16日の岸訪米は確からしいことがわかりました。そこで牟礼氏の結婚披露宴が始まる直前、学士会館から全学連本部に連絡して、清水丈夫書記長に「重大な話がある。いま学士会館にいる。唐牛健太郎委員長と揃ってすぐ来てくれ」と言いました。単なる素浪人である私が全学連幹部に向かって「二人揃って来い」などと言ったのは信じられないことかもしれませんが、それはそれまでの経緯があるからです。私は彼らの先輩でした。清水丈夫君を全学連に引っ張り出したのも私でした。

「唐牛とはどうしても連絡が取れない」とのことで、清水書記長と東大医学部の石井君（書記次長）がやってきた。「毎日新聞の記者から明日、岸が渡米するとの情報を聞いた。いろいろ調べてみたところ、どうやら本当らしい」と告げ、「全学連はどうするか。今すぐ動員をかけ、羽田を占拠しろ」と言いました。「このまま黙って見送るか、羽田に総力を結集して渡米を阻止するか。ぼくが君たちの立場だったら断固として訪米阻止行動に立ち上がる。岸渡米を黙って見過ごしたら、今まで安保反対でやってきたことが無駄になる」と言ったところ、彼らはすぐに動員をかけ、その日の夜のうちに羽田空港を占拠した。結局、多くの学生が逮捕されてしまい、その後、岸首相はアメリカに飛び立った。
島君は当時、白木記者と同じ毎日新聞の吉野正弘記者と親しくしていました。羽田空港で島君だけが逮捕を免れたのは吉野記者の協力のおかげでした。吉野記者の車の中に身を潜めていたのです。島君がこの時逮捕されなかったことは大変大きな意味をもっています。その後の安保闘争の盛り上がりは島君の努力に負うところ大です。
白木記者は後に60年安保闘争の秘話を書いて、現役引退のパーティーの時に参加者に配りました。60年安保闘争から30数年後のことです。そこには、「岸首相の出発時間は朝9時だったが、全学連には2時間ずらして7時だと知らせた。そして羽田に集まった学生を逮捕し、岸首相は無事飛び立った。安保反対の先頭に立っている学生を何百人も一斉逮捕できたのは、全学連をだました結果」という意味のことが書かれていました。私は何百人も集まっていたそのパーティーの挨拶で、「当時の反体制側を代表して一言申しますと、そのようなことは承知の上でした。1・16で羽田で多くの学生が逮捕された結果、その後、安保闘争はさらに高揚し、6・15事件もあって岸内閣を倒すことができた。新安保は通ったけれど、われわれは岸内閣を打倒して戦後を乗り越える大闘争ができた。これは白木記者のおかげだ」と切り返しました。その席には警視総監をはじめ警察幹部が大勢いましたから、満場、大いに湧きました。（笑）
1・16羽田事件で多くの学生が逮捕されましたが、ここで大活躍したのが小島弘君でした。彼は救援活動の中心になるとともに、清水幾太郎先生などを引っ張り出して全学連の応援団になってもらったのです。

私は1・16事件を契機にしてすっぱりと引退することにしました。これからいよいよ大闘争という時に、私が関与していると内部紛争の種になります。内部紛争などしている時ではない。その直後、友人の紹介で貿易商社に入り、エレクトロニクス輸入関係の仕事に携わりました。高田馬場の小さなアパートに居を構えて、女房と二人でささやかな生活をし、新橋の商社へ通いました。

ところが、60年5月初めのことでした。深夜の1時頃アパートのドアがトントンと叩く者がいる。誰かと思ってドアを開けたところ島成郎君が立っていました。「何事か」と尋ねると、「大闘争になって手に負えなくなった。復帰してもらいたい」と言うのです。「ぼくが出て行けば文句を言う奴がいるだろう」と断ると、「ぜひ復帰してほしい」と譲らない。島君の執拗な要請に負けて「それでは参謀役になろう」と答えたところ、その後、島君や清水丈夫君たちが時間かまわず深夜に新婚生活を送っているアパートに訪ねてくる。近所に迷惑がかかるので困りました。

5月、6月になると安保闘争はすさまじいほどの盛り上がりを見せました。新安保条約は5月20日未明に強行採決されたわけですが、その日、全学連は首相官邸に突入しました。その後、連日デモ隊が国会を取り囲み、国会は空白状態になりました。岸政府は「内乱状態だ」として自衛隊の出動を真剣に検討しました。

60年安保闘争の基本方針をめぐって全学連と共産党は鋭く対立していました。共産党が民族独立の反米闘争として位置づけていたのに対し、全学連は日本帝国主義復活反対の立場から岸内閣打倒を重視していた。ですから全学連はアイゼンハワー大統領の訪日、その事前準備のためのハガチー訪日をそれほど重大視していなかった。それまでの安保闘争で全学連に名をなさしめていた共産党が主導権奪回のために勝負をかけたのが6月10日のハガチー事件でした。[1]これでアイゼンハワー米大統領の訪日は中止になった。ハガチー事件で共産党に先を越された形になった全学連は6・15に国会突入を敢行した。そのなかで樺美智子さんが亡くなった。これが安保闘争のもう一つの真実です。

岸内閣は倒れたけれども、新安保条約は通りました。多くの学生はこれを敗北と捉えました。ただ、私自身はこう考えていました。私は59年12月から学生運動の第一線から離れ、それから第三者の目で見ていましたが、60年安保闘争の高揚は、敗戦後、占領時代を通じて日本社会に充満していたもろもろのフラストレーションの鬱積が噴き出した結果だったと思います。新しい時代に入るためには、それまで積もり積もった恨み、つらみをなんらかの形で燃焼させて清算しなければならない。日本にとって60年安保闘争はそのきっかけになったのではないか。いろいろな犠牲が出ましたが、60年安保闘争は日本国民が「時代のけじめ」をつける契機になったのではないかと当時から思っていました。

岸内閣が倒れた後、「寛容と忍耐」をスローガンに池田勇人内閣が登場し、その後、日本は高度成長時代に入っていきます。それから今日まで多くの問題が起こりましたが、その解決はこれからわれわれ自身がしなければならないことです。

日米関係はどうあるべきか

――仮定論になりますが、あの時、新日米安保条約が通っていなかったら、それは日本にとってよいことだったと思っていますか。また、現在の日米関係についてどう見られていますか。

❖新安保条約をあのような形でつくれば、力関係からいって日本は米国の従属国になると私は思っていました。新安保を阻止して日本は真の独立国にならなければならないと考えていました。ただ、日本が二度と米国と対立関係に入ってはならないことははっきりしていた。第二次大戦敗戦の経験でそれは証明されています。米国に対して無謀な戦争を行った結果、日本は310万人の貴重な命を失い、国富の3分の1を失ったのです。われわれ日本人は、悲惨な体験を通じて、二度と戦争をしてはならないことを決意したのです。

敗戦後、日本は、占領時代を経てサンフランシスコ講和条約によって52年4月に独立を回復しますが、「米国と二度と戦争を起こしてはならない」というのはほとんどの日本国民の共通認識でした。ただし、東西冷戦が激化するなか、米国の言うなりになっていたら「また戦争に巻き込まれる」との思いを多くの国民が持っていました。「和して同ぜず」――仲良くするけれど従属国になってはないとわれわれは思っていた。この考えに今も変わりはありません。

ただ、60年安保闘争後、米国政府は明らかに日本に対して控え目になりました。無理な要求はしないようになりました。それががらりと変わったのがレーガン政権と中曽根政権の時代――いわゆる「ロン・ヤス」関係以後です。米国側には日本を四の五の言わずに従わせようという動きが顕著になってきた。クリントン時代には日米貿易関係をめぐって猛烈な圧力がありました。経済のグローバル化の名のもとに日本を米国の植民地にするかのような圧力をかけてきました。そして今、ブッシュ政権はクリントン前政権以上に強い圧力を日本に加えてきています。経済のグローバリズム化政策を強化してきただけでなく、新保守主義を押しつけてきています。小泉首相はブッシュ政権の意向に従順です。日本は外交・経済の両面で「米国の属国ではないか」と他国から見られるような状況に陥っています。このままでは日本は悲劇を生みます。

その根は、岸信介内閣による安保改定の強行にあると私は思っています。占領下に締結された日米安保条約は国際法に則って破棄し、その上で新たな日米友好関係を構築する努力がなされるべきでした。その努力を全くせずに岸内閣は安保改定に突き進んだ。これが、その後の日米関係の過ちのもとだったと私は思います。

新日米安保条約は岸政府のなりふり構わずの強行突破によって成立しました。しかし、新安保条約には「10年後に改定交渉を行う」との条項が入っています。ですから私は、この一項にもとづいて、日本政府は日米対等の立場を築くべく全力を注ぐべきだと主張してきました。そのために一言論人として、「日米安保に埋没していては日本は危機を迎える」「日本の安保・防衛政策を根本的に考え直す必要がある」と主張しつづけました。その当時、盛んに言われたのが「日米安保依存論」です。そのなかにあって私の主張はなかなか理解を得られませんでしたが、「独立心を失った国民は亡びる」というのは私の一貫した主張です。

我が青春に悔いなし

――最後に、60年安保闘争に至るまでの森田先生の学生運動との関わりを振り返って一言お願いします。

❖一言で言えば「我が青春に悔いなし」です。52年から55年までは共産党の指導下で中堅活動家として学生運動に参加しました。そのあと、55年夏以降は共産党の指導を排し、自立的に学生運動に取り組みました。全学連幹部として……。

砂川闘争、警職法反対闘争から60年安保闘争にかけて私は全学連幹部として運動の中心にいたわけですが、私たちの呼びかけに応じて何十万人もの全国の学生たちが立ち上がった。当時30万人程度だった大学生の半分くらいが街頭デモに立ち上がったのです。これは一つの歴史的な出来事でした。その間、私は島成郎、香山健一、小島弘、小野寺正臣というまれに見る高潔で高い能力をもった友人と一緒に行動することができた。このことは大変幸運なことだったと思っています。

本来、政治活動を行い得るのは強靱かつ高潔な精神の持ち主でなければならないと思います。精神の弱い者は政治活動に関わるべきではありません。私自身は子供の頃から困難に対してひるむということはありませんでした。おとなしかったのでそうは思われなかったかもしれませんが、困難があればむしろ立ち向かっていく性格の持ち主でした。56年以後はすべて自分の判断に従って行動したわけですが、そのなかで私は個人として恥ずべきことをした覚えはありません。共産党との闘いと訣別を含めていささかの悔いもありません。

最後に、これまでも随所で触れてきましたが、私の共産党観を話しておきましょう。

戦後、どの家庭も身内から戦死者を出して辛く悲しい思いをしました。私自身も、戦後、長兄が戦死したことを知って母が悲嘆にくれた姿を目の当たりにしながら中学、高校時代を過ごしたのですが、そういう辛い思いはほとんどすべての家庭でも味わっていました。戦争という悲劇の体験はわれわれ世代の原点です。

このような悲劇がどうして起こるのか、諸悪の根源は「弱肉強食」の資本主義だ――これが若い時に到達した結論でした。資本主義を倒す以外に戦争をなくす道はない――そう考えてマルクス主義に傾斜していったのです。ヒューマニズムの極致としてマルクス主義を理解したのです。のちにこれが間違いであることを知りますが、それは25歳頃のことでした。

私は東大入学直後に共産党に入党し、その後、共産党東大（本郷）細胞キャップ、共産党文京地区委員長、全学連書記局細胞キャップなどのポストについて、事実上プロの運動家になるのですが、その経験を通じて、世間から隔絶された共産党中央の非人間的な本質に比較的に早くから気づきました。そして、こんな非人間的な連中が国民のための革命などできるはずはないと考えて、一言で言えばヒューマニズムの観点から対抗し共産党を解体しようとしたのですが、この戦いには敗れました。一九五八年7月、共産党中央委員会の決議で私は除名されました。これで共産党とはきっぱり訣別しました。

その頃から一種の悟りを感じるようになりました。世の中を動かすには極端なイデオロギーや学説ではだめだ、と。以後、私は、政治は古くから人間社会に培われてきた常識とか道義にもとづかなければならない、極端な考えではなく中庸こそが大事だと考えるようになりました。そして今、私は人類は自然を超えることはできない、人類は謙虚に自然と調和して生きる道を考えるべきだと思うようになっています。

私が20歳で共産党に入党した時、共産主義がヒューマニズムを実現する最良の道だと思っていました。しかし体験を通じて共産党がヒューマニズムとは縁もゆかりもなかった組織だったことに気づきました。その上、共産党は極端な官僚組織です。もっと自由な組織でなければ政治組織は腐敗します。だから、決然として闘い、訣別したのです。

——その後の共産党についてもそう思いますか。

❖世界各国の共産党は非人道的な酷いことを平然としてやってきた。日本共産党もそうです。たとえばソ連共産党にしろ、中国共産党にしろ、「革命」という大義のために人を殺すのもいとわなかった。これは大きな過ちでした。革命家は「革命」の美名のもとに大衆を不幸にしました。「革命の英雄」の存在の陰で何百万、何千万の大衆の命が奪われました。

政治家は、国民を不幸せにしないことを第一義的に考えるべきです。政治家は歴史に名を残したいために、往々にして功名に走りがちですが、それが国民を幸せにしたためしはない。元王朝始祖チンギス・ハンの名臣・耶律楚財は「一利を興すは一害を除くに若かず」という言葉を遺しましたが、これは政治家が心にすべき名言です。政治の役割とはそういうものです。傲慢なことを考えてはなりません。

最近、目立ちたがり家の政治家が増えていますが、目立たずとも国民のために地道に努力する政治家がよい政治家なのです。これが、私の政治家をみる基本的な判断基準です。

——今の日本政界に森田先生の考えに近い政治家はいますか。

❖私はかなりいると思います。むしろ多数派だといってもいいと思います。ただ、そういう政治家は地味な存在ですからなかなか表舞台に出られない。「おもしろさ」を求めているマスメディアも取り上げません。悲しいかな、現在は知名度が絶対的な価値をもつ社会です。マスメディアに取り上げられない人は知名度が上がらない。しかし、知名度というのは虚像の世界の産物であり、多くの場合、偽の価値です。そういう虚像の世界からは注目されていませんが、地道に努力している真面目な政治家はかなりの数に上ると私は思っています。

注

(1) 60年6月10日、来日したハガチー米大統領補佐官の乗用車を羽田空港で共産党、全学連反主流派のデモ隊が包囲し米軍ヘリコプターで脱出。11日離日。この事件により予定されていたアイゼンハワー米大統領の訪日は中止になった。

※インタビューは二〇〇三年7月9日に行われた。記録は三浦大紀、原奈央子、板垣麻衣子が担当した。

あとがき

森川友義

本書を出版するにあたり、政策研究大学院大学教授で我が国のオーラル・ヒストリーの権威である伊藤隆氏に原稿を読んで頂き、小島弘氏とともにお話しを伺った。そのときに伊藤氏が特に強調されていたのが、60年安保反対運動の歴史的評価の難しさである。60年安保反対運動は学生運動としては最大のピークではあったが、日米安保条約は承認され、結果的には岸信介内閣が総辞職しただけで終わっている。岸首相の退陣にしてもその原因は、国会での動きによるのか、アイゼンハワー大統領の訪日中止の引き金となったハガチー事件なのか、それとも篠原氏も語っているように財界の動きを反映しているのか評価が分かれるところである。また、学生運動も七花八裂し大衆から離反したという経緯もあり、60年安保反対運動をどうとらえるのかは難しい面がある。

ただ、60年安保そのものの歴史的評価は別にして、本書との関係でその意義について言えば、少なくとも次の三点が挙げられるのではないかと思う。

まず、日米安全保障条約は、現在の日本の防衛政策の基軸であり、ポスト冷戦時代において、安保体制を「対ソ連の防衛体制から地域紛争への対処体制」としてとらえなおすべきものとしても、今一度冷戦時代の枠組みとしての安保条約は、どのように見られどのような反発があったのか、現在の安保条約への捉え方と比較して検討を行うことは重要である。50年近く前に起こった反対運動を検証することで、現在の日米安保条約を再検討する糧になることを願っている。

二つ目としては、60年安保反対運動に参加した人々の中で、現在、政治家、大企業の代表取締役、ジャーナリスト等として日本において影響力をもつ人が多数いることを考えると、彼らの思想形成のルーツを探る意味でも重要と考える。この本でも語られているように、香山健一氏、公文俊平氏、佐藤誠三郎氏等の学者にしても、大平正元首相や中曽根康弘元首相のブレーンになり、影響を与えたことは良く知られているし、現在でも自民党の大物政治家の多くは60年安保反対運動に学生として参加している。このように、60年安保とは、イデオロギーを越えた一つの大衆運動の高鳴りであって、その中から政治的影響力を持つ人も輩出され、思想的ルーツになっている。現代政治を見る上でも、60年安保反対運動を見る必要があるのである。

もっともこのような反社会的行動をとった人々が現在の日本政治を動かしているということは、米国などでは考えられないことであり、伊藤氏が述べていたように「安保闘争に参加した人間を排除しなかったのは、明治維新で徳川幕府として戦った人々が、後の明治政府で外務大臣になったのと同じで、日本には人材を大事にする特有の風土があった」からに他ならない。

最後に60安保反対運動に対して「歴史的けじめ」をつけることも大切な点である。小島氏の言葉を引用すると「戦前から戦後の動きも含めて安保闘争って言うのはどういうものだったのか、こんなやつらがやって、こんな議論があって、こういうふうにやっていたのかというのをこの本を通じて知ってもらって、この安保闘争にけじめをつけてもらいたい。との意味は重要である。

この本の出版は数多くの方々のご協力なしでは実現しなかったことを最後に付記したい。テープおこしが最も重要な仕事であったが、板垣麻衣子（早稲田大学政経学部生）を中心として、杉原梓（慶応大学大学院生）、三浦大紀（国会議員秘書）、及び原奈央子（バンダイ）の各氏が担当してくれた。また、富田重亮北京大学主任教授、伊藤隆政策研究大学院大学教授、及び柳田昭彦ユニプラニング代表取締役には格別のご支援を頂いた。

なお、この本の出版に際しては、私の奉職している早稲田大学より多大なご支援をたまわったことを記しておきたい。

また、出版に際して同時代社の川上徹社長にはたいへんお世話になり、特別の感謝の意を表したい。

60年安保に至る年表

学生運動の動き

年	月	学生運動の動き
55年	8月	初の原水禁世界大会に学生が参加。
	9月	全学連第8回中央委員会（8中委）開催。
56年	4月	小選挙区制反対国民大会に学生参加。
	5月	全学連教育二法案反対の総決起大会。
	6月	全学連第9回全国大会開催。
	9月	全学連中執委砂川現地闘争本部を設置。
	10月	第二次砂川闘争。全学連・労組員、警官隊と激突。約千人負傷。測量中止。
57年	3月	クリスマス島の英国核実験阻止闘争。
	4月	沖縄、核兵器基地反対全国学生総決起集会。
	6月	全学連第10回全国大会開催。
	7月	第三次砂川闘争。基地に侵入してデモ。
	11月	国際行動デー。81校で授業放棄、中央集会に2万2千人参加。
	12月	革命的共産主義者同盟（革共同）結成。

政治の動き

年	月	政治の動き
55年	7月	第六回全国協議会（「六全協」）開催。
	11月	自由民主党結成。55年体制確立。第三次鳩山一郎内閣成立。
56年	9月	砂川第二次強制測量開始。
	12月	石橋湛山内閣成立。
57年	2月	第一次岸信介内閣成立。

58年 5月	反戦学同解体し、社会主義学生同盟（社学同）結成。	6月 第二次岸内閣。
5・28	全学連第11回全国大会開催。	
6・1	「六・一」事件。	
9・4	全学連第12回臨時大会開催。	
10・28	全学連、警職法反対全国総決起大会。	
11・5	警職法反対全国ゼネスト。全学連4千人が国会前座り込み。	11・22 警職法案実質上廃案。
12・10	共産主義者同盟（ブント）結成。	
12・13	全学連第13回全国大会開催。	
59年 4月	安保反対第一次統一行動。	
6月	全学連第14回全国大会開催。	
11・27	安保阻止第8次統一行動。国会請願デモ。国会構内へ侵入。	
12月	全日本学生総決起中央集会。清水丈夫ら逮捕。	
60年 1・16	羽田闘争。学生78人逮捕。	1・16 岸首相ら新安保調印全権出発。
3月	全学連第15回臨時大会	
4・26	全学連主流派首相官邸に突入。	
5・20	日米新安保条約が強行採決され、これに対する抗議行動。	6月 アイゼンハワー訪日延期。
6・15	国会突入闘争。樺美智子死亡。全国で580万人の安保反対統一行動。	
6・18	樺美智子虐殺抗議、岸内閣打倒総決起集会。安保自然承認阻止の国会突入。	6月 岸首相退陣表明。 7月 岸内閣総辞職。第一次池田内閣成立。

出典『資料戦後学生運動』（三一書房編集部編、1969年）の「学生運動年表」等を参照。

1956年 (昭31)	第９回大会 6月9～12日	香山健一 (東大)	牧衷 (東大) 星宮煥生 (立命)	高野秀夫 (早大)
1957年 (昭32)	第10回大会 6月3～6日	同上	小島弘 (明大) 桜田健介 (立命)	小野寺正臣 (東大)
1958年 (昭33)	第11回大会 5月28～31日	同上	小島弘 (明大) 佐野茂樹 (京大)	同上
1958年 (昭33)	第12回臨時 大会 9月4日	同上	同上	同上
1958年 (昭33)	第13回大会 12月13～14日	塩川喜信 (東大)	小島弘 (明大) 加藤昇 (早大)	土屋源太郎 (明大)
1959年 (昭34)	第14回大会 6月5～8日	唐牛健太郎（北 大）	糠谷秀剛 (東大) 加藤昇 (早大)	清水丈夫 (東大)
1960年 (昭35)	第15回臨時 大会 3月	同上	同上	同上
1960年 (昭35)	第16回大会 7月4～7日	同上	西部邁 (東大) 加藤昇 (早大)	北小路敏 (京大) 36・6 書記長代理 斎藤清 (早大)

※ 『学連各派―学生運動事典―』（70年度版）を参考。

全学連歴代三役一覧※（1948年～1960年）

年度	大会（日時）	委員長	副委員長	書記長
1948年（昭23）	9月18～20日	武井昭夫（東大）	高橋佐介（早大）	高橋英典（東大）
1949年（昭24）	第１回大会 2月4～6日	同上	小稔輝久（早大）檜木考之（大商）	同上
1949年（昭24）	第２回大会 5月28～30日	同上	七俵博（早大）細川清志（大商）	同上
1949年（昭24）	第３回大会 11月2～3日	同上	同上	同上？
1950年（昭25）	第４回大会 5月20～23日	同上	同上	富田洋一郎（東大）
1952年（昭27）	第５回大会 6月26～28日	玉井仁（京大）	妹尾昭（東外大）早川政雄（立命）	斎藤文治（東大）
1953年（昭28）	第６回大会 6月11～15日	阿部康時（立命）9・6更迭 米田豊昭（京大）	松本登久男（東大）大橋博（横国）	同上
1954年（昭29）	第７回大会 6月13～17日	松本登久男（東大）	増田誓治（同大）河相一成（東北）後に：大沼正七（東北）	鮒子田耕作（大阪市大）
1955年（昭30）	第８回大会 6月10～13日	田中雄三（京大）	増田誓治（同大）石川博光（東大）	香山健一（東大）

全学連書記局員

役職	氏名	所属大学・学年
書記長	清水丈夫	東大・経・4年
中央執行委員長	唐牛健太郎	北大・教養・2年
副委員長	加藤昇	早大・政経・3年
副委員長	糠谷秀剛	東大・法・3年
書記次長・夜間部の学生対策部長・情宣部長	東原吉信	早大・2文・3年
組織部長	青木昌彦	東大・文・3年
共闘部長	小島弘	明大・文・4年
技援対策部長・国際部長	志水速雄	東外大・露・4年
医学部学生対策部長（非常任）	池沢康郎	東医歯大・4年
教育系対策部長（非常任）	鈴木英夫	東学大・社・4年

『全学連の実態』（日刊労働通信社編、1959年、223〜224頁）を参考。

全学連中央執行委員会及び書記局員名簿（1959年7月1日付）

役職	氏名	所属大学・学年
中央執行委員長	唐牛健太郎	北大・教養・2年
同　副委員長	加藤昇	早大・政経・3年
同　副委員長	糠谷秀剛	東大・法・3年
同　書記長	清水丈夫	東大・経・4年
同　書記次長	東原吉信	早大・2文・3年
中央執行委員	徳江和雄	一ツ橋大・社・2年
同上	今村稔	東学大・世社・3年
同上	鈴木英夫	東学大・社・4年
同上	金忠平	東北大・教養・2年
同上	千葉喬之	広大
同上	右城郁郎	高知大・文理・2年
同上	吉田晟	法政大・2経・3年
同上	保田幸一	立命大・法・4年
同上	清水建夫	大外大・印・3年
同上	西浦恵令	大外大・露・4年
同上	斎藤清	早大・教育・4年
同上	石井保男	東大・医・4年
同上	池沢康郎	東医歯大・4年
同上	山島啓次	京学大・1社
同上	林道義	東大・法・4年
同上	青木昌彦	東大・文・3年
同上	小島弘	明大・文・4年
同上	北村文彦	埼玉大・文理・4年
同上	恩田徳生	北学大・Ⅰ類・4年
同上	富永宏	金沢大・法文・3年
同上	志水速雄	東外大・露・4年
同上	篠原浩一郎	九大4年
同上	青柳保夫	愛大・法経・4年
同上	野口修	京大・文・3年
同上	北小路敏	京大・経・4年

⦿主な参考文献

秋山勝行・青木忠。１９６８年。『全学連は何を考えるか』。自由国民社。

阿部行蔵・細野武男編。１９６０年。『全学連―怒る若者―』。緑風社。

伊藤牧夫・内田恵造・中島昭。１９５９年。『砂川』。現代社。

稲岡進・絲屋寿雄。１９６１年。『日本の学生運動』。青木新書。

臼井吉見編。１９６９年。『安保・１９６０』。筑摩書房。

エスエル出版会。１９８５年。『敗北における勝利――樺美智子の死から唐牛健太郎の死へ』。鹿砦社。

大野明男。１８６８年。『全学連　その行動と理論』。講談社。

小林良彰。１９７１年。『戦後革命運動論争史』。三一書房。

川上徹。１９６９年。『学生運動　―60年から70年へ』。日本青年出版社。

刊行会編。『唐牛健太郎追想集』１９８６年。

蔵田計成。１９７８年。『新左翼運動全史』。流動出版。

警察庁警備局編。１９７７年。『回想戦後主要左翼事件』。

三一書房編集部編。１９６９年。『資料戦後学生運動1～5』。

――編。１９６９年『資料戦後学生運動別巻――戦後学生運動史年表』。

公安調査庁編。１９６９年。『各派全学連大会を中心とする学生運動の現状』。1巻&2巻。

塩田庄兵衛。１９８６年。『実録　六〇年安保闘争』。新日本出版社。

時事問題研究所編。１９６８年。『全学連　その意識と行動』。時事問題研究所。

島成郎。１９９９年。『ブント私史』批評社。

島成郎監修。１９９０年。『ブント「共産主義同盟」の思想1～7』。批評社。

――監修。１９９９年。『戦後史の証言・ブント、「ブントの思想」別巻』。批評社。

島成郎記念文集刊行会編。２００２年。『60年安保とブントを読む』。情況出版。

——編。2002年。『ブント書記長　島成郎を読む』。情況出版。

社会問題研究会編。1969年。『全学連各派：学生運動事典』。双葉社。

鈴木博雄。1968年。『学生運動』。福村出版。

砂川町基地拡張反対支援労組協議会編。1957年。『砂川―ひろがりゆく日本の抵抗―』。

高沢皓司・蔵田計成編。1984年。『新左翼理論全史1957年〜1975年』。新泉社。

高沢皓司・高木正幸・蔵田計成。1981年。『新左翼二十年史』。新泉社。

武井健人編。1960年。『安保闘争　―その政治総括―』。現代思想社。

田中清玄。1983年。『統治者の条件　日本人は何をすべきか』。情報センター出版局。

――。1993年。『田中清玄自伝』。文藝春秋。

田中吉六他。1978年。『全共闘：解体と現在』。田端書店。

追悼集編集委員会編。1998年。『天籟を聞く―香山健一先生追悼集』。

中島誠編。1968年。『全学連』。三一書房。

西部邁。1986年。『六〇年安保　センチメンタル・ジャーニー』。文藝春秋社。

日刊労働通信社編。1959年。『全学連の実態』。

日本評論社編。1969年。『日本の大学革命5：全共闘運動』。日本評論社。

広谷俊二。1966年。『現代日本の学生運動』。青木新書。

文集刊行会編。『生田夫妻追悼記念文集』。1967年。

宮岡政雄。1970年。『砂川闘争の記録』。三一書房
森田実。1980年。『戦後左翼の秘密』。潮文社。

山中明。1961年。『戦後学生運動史』。青木書店。

早稲田の杜の会編。2003年。『60年安保と早大学生運動　政治が身近にあったころ闘い、燃えた』。KKベストブック。

森川友義（もりかわとものり）
○早稲田大学国際教養学部教授（政治学）。Ph.D
○昭和30年12月21日生。群馬県。早稲田大学政治経済学部政治学科卒。ボストン大学政治学大学院修士号。オレゴン大学政治学研究科博士号。国連専門機関勤務。米国アイダホ州立ルイス・クラーク大学助教授、オレゴン大学客員准教授を経て、現職に至る。海外生活約20年。専門分野は進化政治学、日本政治、国際機構論。

60年安保——6人の証言

2005年8月31日　初版第1刷発行

編　著　森川友義
表紙デザイン　桑谷速人
制　作　ルート企画
発行者　川上　徹
発行所　同時代社
〒101-0065 東京都千代田区西神田2-7-6
電話03-3261-3149　FAX03-3261-3237
印　刷　中央精版印刷㈱

ISBN4-88683-555-4